新版
写真で見る水平運動史

尾川昌法

◆部落問題研究所◆

凡例

（1）本書は、全国水平社創立一〇〇周年を記念して出版する。

（2）『写真で見る水平運動史』はこれまでに二版、部落問題研究所から出版された。第一版は、水平社創立五〇周年を記念して一九七二年三月一日発行（解説・馬原鉄男）、第二版は、水平社創立六〇周年を記念して一九八二年三月一日発行（監修・馬原鉄男）。第一版と第二版は、本文・写真に少しの違いはあるが、ほぼ同一内容である。

（3）本書は『人権と部落問題』二〇二一年四月号から二〇二二年五月号まで連載した内容を基本にしているが、字数制限により割愛した語句や文章を補足し、新たに一節―四（3）を加えた。

（4）本書は旧版の本文、写真、略年表らを改定して「新版」とした。写真を多く掲載し、本文で水平社運動の大きな流れを概観できるように努めた。また、序文で「全国水平社の歴史」と「戦後の部落問題と現在」を略述した。

（5）使用した写真、「水平新聞」（記事複写）などはすべて部落問題研究所所蔵のものである。

全国水平社総本部旗

目次

水平社はかくたたかった

木村京太郎　書

序　被差別民衆の人権闘争―全国水平社の歴史と現在―

1．全国水平社の歴史

一九二二年三月三日、全国水平社は京都市で創立された。会場には「解放・団結・自由」の旗が翻り三千余の参加者で埋められていたという。「全国に散在する我が特殊部落民よ団結せよ」と始まる創立宣言の採択に、「会衆皆な声をのみ面を俯せ歔欷《きよき》の声四方に起る…天地も震動せんばかりの大拍手と歓呼となった」と伝えられている。人間の尊厳と平等を求めて立ち上がった被差別民衆の全国組織である。

すでに、労働組合期成会の機関紙『労働世界』（一八九七年）は「労働は神聖なり、団結は勢力なり」と「労働者の権利」を主張し、労働組合の設立を呼びかけ、女性たちが創刊した『青鞜』（一九一一一年)は「元始、女性は実に太陽であった」と女性の個性と権利を宣言していた。全国水平社の創立を社会主義者山川均は、「進んで権利を主張する時が来た。水平社大会は正にこの権利の宣言」、「特殊民の権利宣言」であると評価した(『前衛』一九二二年)。全国水平社創立の指導者たちは「人格は絶対である」とし、「人間獲得運動」「人間権奪還闘争」であると言った。人間の尊厳と平等の訴えが水平社の出発点であり原点である。基本的人権という言葉はまだ生まれていなかった時代である。

水平社の歴史は、大正デモクラシー時代から治安維持法体制と満州事変に始まる一五年戦争の戦時体制という激動の時代を背景にした二〇年の歴史である。徹底的糾弾闘争の初期、差別の根本に目を向け階級的立場を強調する方向転換期、労農運動と連帯して糾弾闘争の変革をはたす時期、そして戦時体制にまきこまれ「挙国一致」へ転向する時期、とほぼ四期に分けられる。

侮辱するな、差別するなという糾弾闘争は、被差別民衆が誇りを取り戻す運動であり、水平社の独自性を象徴する運動形態である。それは、しかし激しい弾圧を受け続ける。創立翌年、奈良の水国争闘事件は、嫁入り行列を侮辱したことを糾弾、話し合いに右翼団体の国粋会が介入し、警察と憲兵隊が出動する事件に発展した。水平社三五人が検挙され、指導者全員が懲役などの有罪判決、相手は一二人検挙で軽い処罰で終わる。県警察は事件直後に「糾弾行為取締」を通達し、糾弾行動を犯罪とした。一九二六年の福岡連隊事件では、和解し約束された軍主催の融和促進講演会が突然に破棄され、「連隊爆破陰謀事件」がでっち上げられ、水平社中央委員長ら一七人が検挙、投獄された。一九二七年の京都府水平社大会では、友誼団体の祝辞が警察に中止され、議事途中に解散を命じられた。水平社の運動は、治安維持法体制下で弾圧と闘い続けた歴史でもある。

こうした暴圧と闘いながら水平社は、軍隊、学校、青年団、共同墓地などの差別反対から「失業反対」「村民権を認めろ」の要求へ、さらに進んで言論・集会・結社の自由、団交権などの労働基本権、居住権・生活権擁護という権利意識を成長させていく。

数々の困難を越えて成長した水平社の到達点をよく示しているのは、一九三四年の運動方針「部落委員会」活動である。共同浴場・託児所の施設、公営質屋・住宅の新設、道路・水道の改修など、日常の諸要求を組織する世話役活動を重視し、行政闘争と糺弾闘争を結合した大衆闘争の提起である。この方針決定の前年に起こった高松差別裁判糺弾闘争と重なって、部落委員会活動が差別の現象形態のみを追う過去の運動を越えて各地に広がっていく。この翌年、一九三五年の大会は、創立以来使ってきた「特殊部落」を、我々は「被圧迫人民大衆の一部」であると「被圧迫部落」に変更、さらに「人民的融和を促進する」ことを決定した。翌年発行したパンフレット『人民融和への道』は「全民衆諸君と心から融合して共に手を組み合い、この世の中の凡ゆる不合理と矛盾を取除いてお互いに住みよい朗らかな社会をつくりあげるために」、水平社は運動すると訴えている。中央委員長の松本治一郎が衆議院議員に当選したのはこの年であった。

しかし、日中全面戦争とつづく世界大戦が運動の発展を許さなかった。米英に宣戦布告した直後に出された緊急治安法による存続許可申請をしないまま、水平社は一九四二年一月に消滅した。敗戦後の一九四六年、部落委員会を引き継いで部落解放全国委員会が結成され、基本的人権を保障する新憲法が公布された。

「闘争がなければ権利＝法はない」といったのは一九世紀末のドイツ法学者イェーリングであったが（『権利のための闘争』一八七二年）、水平社の歴史はそれを証明し、その闘争は組織的団結によってなされることを明らかにしている。

2. 戦後の部落問題と現在

全国水平社創立から一〇〇年をむかえた二〇二二年は、敗戦後の部落解放全国委員会結成から七七年、戦後の運動史は水平社の歴史の三倍をこえる。戦後の運動を振りかえり現状を確認しておきたい。占領下の社会的混乱から、サンフランシスコ平和条約（一九五一年調印）のもとで独立を回復して四年後の一九五五年、部落解放全国委員会は部落解放同盟と改称し、全部落民の統一した大衆運動団体であることを明確にした。ちょうど日本経済が敗戦後の混乱から抜け出し、「もはや戦後ではない」といわれた産業経済の急速な発展がはじまった時期である。

一九五五年から一九七三年頃までの高度経済成長期に実質成長率一〇％、日本経済は欧米諸国をはるかに超えて国際競争力を飛躍的に高めていった。経済発展を優先的に促進、強行した経済政策は日本列島全体の開発を進め、次第に社会的矛盾を激化させる。公害、農漁業の衰退、過疎・過密、低賃金、生活環境の破壊が進行する。産業構造の変化に伴う労働力の大移動などにより、被差別部落も変動していく。

また、この経済の高度成長に重なって町村合併が開始された。町村合併促進法（一九五三年）、新市町村建設促進法（一九五六年）、市町村の合併の特例に関する法律（一九六五年）などによって市町村数は激減、一九七二年四月の市町村数三二五六は一九五三年当時の三分の一であった（『大月経済学辞典』）。これもまた被差別部落を変動させた。

さらに、高度経済成長期の後期に開始された同和行政が、被差別部落の環境を激変させていく。同和対策審議会「答申」（一九六五年）とそれに基づく同和対策事業特別措置法（一九六九年）で始まる特別対策である。時限法であった同法は延長され、引き継ぐ二つの改定法も延長を繰り返し、三三年間にわたって実施され、二〇〇二年三月末に終了した。終了する一年前の二〇〇一年一月二六日、政府は三点の「特別対策を終了し一般対策に移行する主な理由」をあげて説明した（総務省大臣官房地域改善対策室「今後の同和行政」）。

（1）特別対策は、本来時限的なもの。これまでの膨大な事業の実施によって同和地区を取り巻く状況は大きく変化。

（2）特別対策をなお続けていくことは、差別解消に必ずしも有効ではない。

（3）人口移動が激しい状況の中で、同和地区、同和関係者に対象を限定した施策を続けることは実務上困難。

地区を限定することさえも困難である状態を認め、法的に同和地区は消滅したのである。説明会の附属資料によれば、事業開始の一九六九年から一九九三年まで二四年間の「地域改善対策総支出（国・府県・市町村費）」は一三兆三〇〇〇億円を超えていた。

その附属資料の中に結婚問題に関する統計があるので一部を紹介する。既婚者に、子供の結婚相手が「同和地区の人であるとわかった場合、あなたはどうしますか」と尋ねた調査結果である。「子供の意思を尊重」を選んだ者は、一九八五年調査は約三四％、八年後の一九九三年調査では約四六％に増えている。平等な人権意識の広がり、部落差別を認めない社会の進展を示していた。

特別対策終了の二〇〇二年三月までに、滋賀県安土町をはじめ二四市町村がすでに同和行政終結・完了を宣言していた（『人権と部落問題』二〇〇四年二月特別号）。差別を許さない地域社会への変化はすでに明らかで、政府の同和行政終了は、むしろ遅れたのであった。

こうした高度経済成長と市町村の大型合併の進行、特別同和行政実施の中で、部落解放運動に対立が持ち込まれ組織の分裂が起こる。運動方針の対立は一九六五年一〇月の部落解放同盟第二〇回大会で表面化し、二カ月後の京都で京都府連を排除する分裂工作によって別に「京都府連」が作られる。その一カ月後の一九六六年一月には、別に作られた「京都府連」の同盟員たちが京都文化厚生会館に乱入・占拠して、入居していた正当な京都府連書記局、全同教事務局、部落問題研究所などの職員を暴力で排除し、諸資料類を差し押さえた。ここから部落解放同盟の分裂が始まる。

部落解放同盟本部と「京都府連」の一部指導者たちは、全民主勢力の統一戦線をめざした一九六〇年綱領を否定し、同和対策審議会「答申」への批判を許さず、その完全実施を要求し、「部落、部落民にとって不利益な問題は一切差別である」と主張し、地方自治体に「窓口一本化」と同和予算増額を強要して全国的に暴力的糾弾闘争を展開する。これを批判する唯一の政党であった日本共産党を公然と敵視し、その影響を強引に排除していく。その運動方針は、部落排外主義、予算や利権の排他的独占を求める利権主義と呼ばれた。

この部落解放同盟指導部の変質を批判して「正常化委員会」が各地に組織され全国化し、それは部落解放正常化全国連絡会議（正常化連、一九七〇年）、全国部落解放運動連合会（全解連、一九七六年）へと発展していった。「窓口一本化」を強要する暴力的糾弾闘争が、京都、大阪、東京などの都府県から吹田市、羽曳野市などの革新自治体攻撃にまで広がる中で、事態を憂慮した阪本清一郎、北原泰作、木村京太郎など、水平社の指導者たちによる「運動の統一と刷新をはかる有志連合」（一九七四年）、「国民融合をめざす部落問題全国会議」（一九七五年）が結成される。そして全解連は、部落問題解決の指標を初めて明確にした「二一世紀をめざす部落解放の基本方向」（一九八七年）を決定し、二〇〇四年に全国地域人権運動総連合（地域人権連）へ改称、発展する。

一九七六年に結成された全解連の結成大会宣言は、なお差別が根絶に至っていないことを認めたうえで、「のこされた差別を一掃し国民的融合をとげること、すなわち、部落解放運動を必要としない状態をつくりだすこと、それが今日のわれわれに課せられた部落解放運動の歴史的課題である」と述べていた。これは、『水平』第一号・創立大会号（一九二二年）が、水平社運動は「水平社自身の存在の不必要を目的とすることによって初めて意義がある」（荒木素風）と書いた、その思いを引き継いでいる。

また、全解連を発展的改組して結成された地域人権連の規約前文には、これまでの人権確立運動の積極的なたたかいの伝統を受け継いで、「地域社会を基盤とする人権確立の住民運動は、多様な人間的要求を地域社会で権利として実現し花ひらかせるものである」と述べられている。部落問題が新しい歴史段階へと進んだことを示している。

全国水平社を引き継いだ戦後の運動と部落問題の展開について略述した。最後に結婚をめぐる差別について、これも簡潔に記しておきたい。

『破戒』を発表して一八年後の一九二三年、全国水平社創立の翌年、島崎藤村は「結婚の問題が一番の難関として最後まで残るだらうと思ふ」（「部落民の解放」）と懸念していた。戦後の同和対策審議会「答申」（一九六五年）も「結婚に際しての差別は、部落差別の最後の越えがたい壁である」と指摘していた。現在の状況を見よう。

部落解放全国委員会が結成された頃に圧倒的多数であった部落内の通婚は激減して、地区内外の通婚が急増している。何の反対もなく七割前後の人々が内外の通婚であり、若い世代ほどその比率は高い。差別はもはや一般的な現象でなく、極めて限定的な現象となっている。これが一九九〇年前後に実施された各地の調査で明らかになった事実である（杉之原寿一『部落問題解決の到達段階』一九九三年）。

このおよそ一〇年後の二〇〇〇年と二〇〇五年に大阪府が実施した実態・意識調査は、この傾向がさらに進んでいることを示した。夫婦とも同和地区出身者で一九五〇年以前に結婚した者約四六%、これに対して一九九一年以降に結婚した者は約一二%で三分の一にまで減少している。それは年齢や出生地でも示されている。夫婦とも同和地区生まれの者で七〇歳以上の者は約三四%、これに対して一五～二九歳では約九%弱、若い世代ほど地区内外の自由な結婚が広がっている（『大阪府「旧同和地区」実態調査と人権意識調査について』二〇〇七年）。

この時からさらに二〇年が経過した現在、地域社会の構造的変化と人権意識の広がりを考えるならば、「最後の越えがたい壁」を越えていると言ってよいだろう。「依然として部落差別は存在する」というのは、この歴史の進展を見ようとしない見方である。

二〇一六年一二月に「部落差別の解消の推進に関する法律」が公布された。強い反対の声を無視して制定されたこの法律は、「現在もなお部落差別が存在する」として「国及び地方公共団体の責務」を規定している。法的に消滅している「同和地区」を地理的に、さらに住民の出自を再認定し差別を再生産することが懸念される。同和行政終了に関する政府見解とも矛盾し、差別解消の歴史に逆行するものである。

部落問題研究所から、『ここまできた部落問題の解決―「部落差別解消推進法」は何が問題か』(二〇一七年)/『部落問題に逆行する「部落差別解消推進法」』(二〇二〇年)が出版されている。法律の問題点を多面的に指摘し、部落差別の現在を丁寧に論じているので、全国水平社の歴史を思いながら、部落問題の現在を考える参考として読んでほしいと思う。

一 水平運動の前史—自由・平等・人権

(1) 明治維新と賤称廃止令

鳥羽伏見の戦いにはじまった戊辰戦争が、函館五稜郭の戦いで新政府軍の勝利に終わって二年後の一八七一(明治四)年、近代化へ向かう一連の改革がつぎつぎと布告される。一両を一円とする新貨条例、廃藩置県、散髪廃刀の自由、華士族・平民間の結婚許可、賤称廃止令、田畠勝手作り自由、宗門改め帳廃止、華・士・卒族の職業選択の自由などである。

この年の暮れには、津田うめ(梅子)ら五人の少女が最初の女子留学生としてアメリカへ、中江兆民も同乗し、フランスへと出発していった。

廃藩置県で幕藩体制は崩れ府県制となったが、新体制への不安と重なって開港以来の百姓一揆が各地に頻発し続けていたし、旧武士たちの不満もくすぶっていた。幕府打倒後の政治改革が大きく動きだしたとはいえ、まだ国民議会も憲法もなかった。

エタ・非人の称が廃止され「身分職業とも平民同様」と布告されたが、華・士・卒・平民の新身分制や職業選択の自由などで旧賤民部落の民衆は生業を奪われ生活基盤を壊され、貧困と侮蔑は変わら

最初の女子留学生（左から3人目が津田梅子）『近代画報』

ず、真に四民平等を得たのではなかった。

武士身分への批判、四民平等の思想はすでに幕末に起り、開港後にはさらに広がっていた。世界で最初に「人権」を明らかに記したアメリカ独立宣言を紹介し、「天の人を生ずるは億兆皆同一轍にて、之に附与するに動かすべからざるの通義を以てす。即ちその通義とは人の自ら生命を保し自由を求め幸福を祈るの類にて、他より之を如何ともすべからざるものなり」と福沢諭吉が訳して出版（『西洋事情』初編）したのは一八六六（慶応二）年のことである。後に「天は人の上に人を造らず人の下に人を造らずと云へり」と直して書き起こした有名な『学問のすすめ・初編』出版は、一八七二（明治五）年のことである。

賤称廃止令は、旧賤民部落の人々を四民平等へ向けて解放するものではなかったが、これをてことし、やがて真の解放を求める運動の武器となる。

○太政官日誌　第六十一号

御布告寫

穢多非人等之稱被廢候條自今身分職業共平民同樣タルヘキ事

同諸府縣ヘ

穢多非人等之稱被廢候條一般民籍ニ編入シ身分職業共都テ同一ニ相成候樣可取扱尤地租其外除蠲ノ仕來モ有之候ハヽ引直シ方見込取調大藏省ヘ可伺出事

『法令全書』

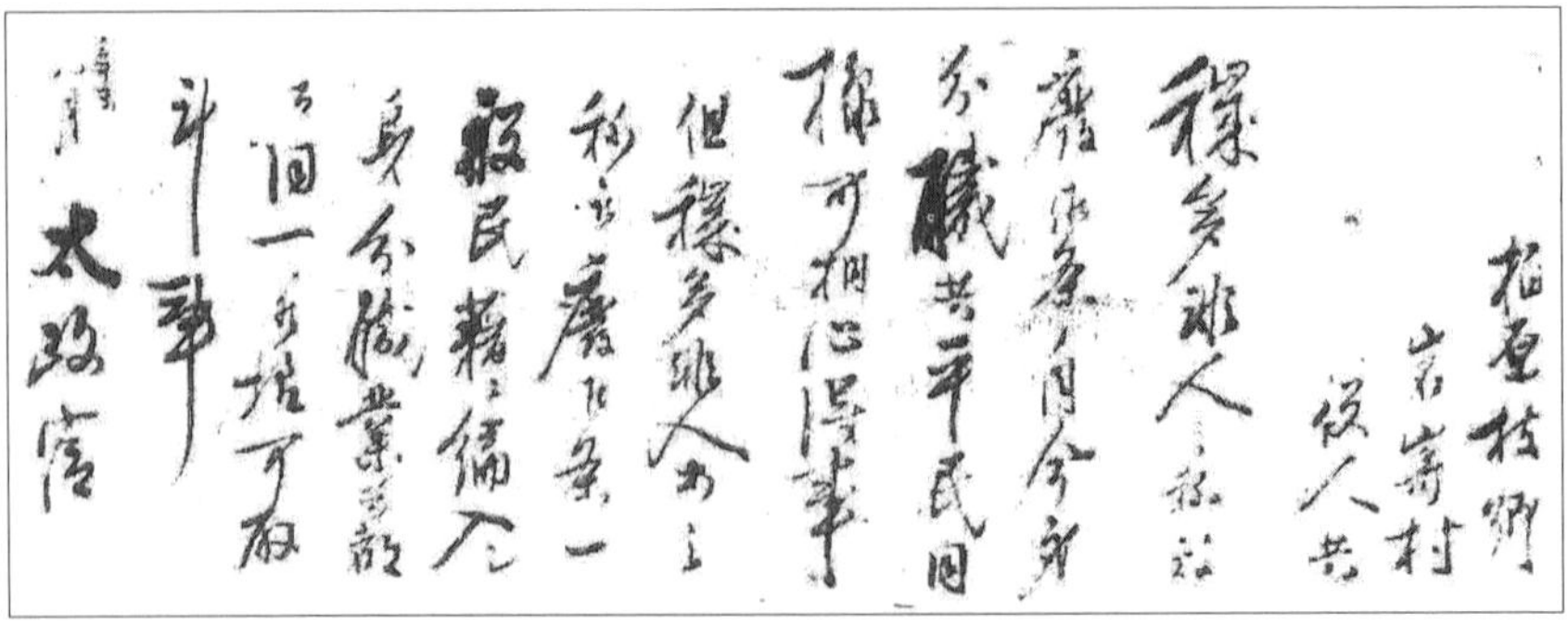

奈良県柏原岩崎村に布告された賤称廃止令全文

（2）自由民権運動と明治憲法

自由民権運動は、賤称廃止令布告から二年四カ月後の一八七四（明治七）年一月に始まる。人民の選挙による国会開設、立憲政治を要求してはじまった自由民権運動は、人民のもつ自主自由の権利を主張する天賦人権論を論拠に、二〇〇〇をこえる各地方の民権政社を基盤にしてひろがり、やがて都市知識人、豪農層から貧農層をまきこんで発展する。要求内容も地租軽減、不平等条約改正、さらに言論集会の自由から借金据え置き、村費減額などへと拡大発展し、人民の民主主義運動となる。

自由民権運動・「絵入自由新聞」
（『近代画報』）

自由民権運動の時代は、同時に文明開化の時代でもある。「半髪頭をたたいてみれば因循《いんじゅん》姑息《こそく》の音がする、総髪頭をたたいてみれば王政復古の音がする、ジャンギリ頭をたたいてみれば文明開化の音がする」（「文明開化評林」一八七五年）のはやり言葉で有名な文明開化は、また自由民権運動とともに、人の平等な権利の思想を社会にひろげていく。ざん切り頭が増えていく中で、頭の古い者に開化した新しい頭の者が変化していく社会を説明する書物「開化もの」が流行した。

賤称廃止令は注目された問題の一つである。納得しない古い頭にむかってこう説明する。「天道さまが人を造るに、大名だから四ツ目にして、手足が八本、穢多だから一ツ目にして手足が二本という差別はござりますまい。人間という物はみな両眼四足《（マヽ）》に出来ておるところを見れば、人間の釣合は何の従五位でも権兵衛、八兵衛でも同等なわけではござらんか、この釣合いの同等なることはもとより天道さまの思し召しにて、これを人間の権利ともうします。」（『開化問答』一八七四年）きっぱりとした天賦人権論である。

初篇出版（1874年3月）『明治文化全集24』

賤称廃止令ですぐ平民に編入した地方がある一方、故意に三〇〇日も日延べした地方もある中で被差別民衆の自主的運動が起こってくる。祭礼に平等に参加する権利、子どもへの就学拒否に共学を要求し、または独自の学校を造る運動などがはじまる。中江兆民が保安条例で東京を追われ大阪で発行した「東雲新聞」（一八八八年）に、自ら「新平民」を名乗り、「平等は天地の公道なり、人事の正理なり」と「真の平等」を主張

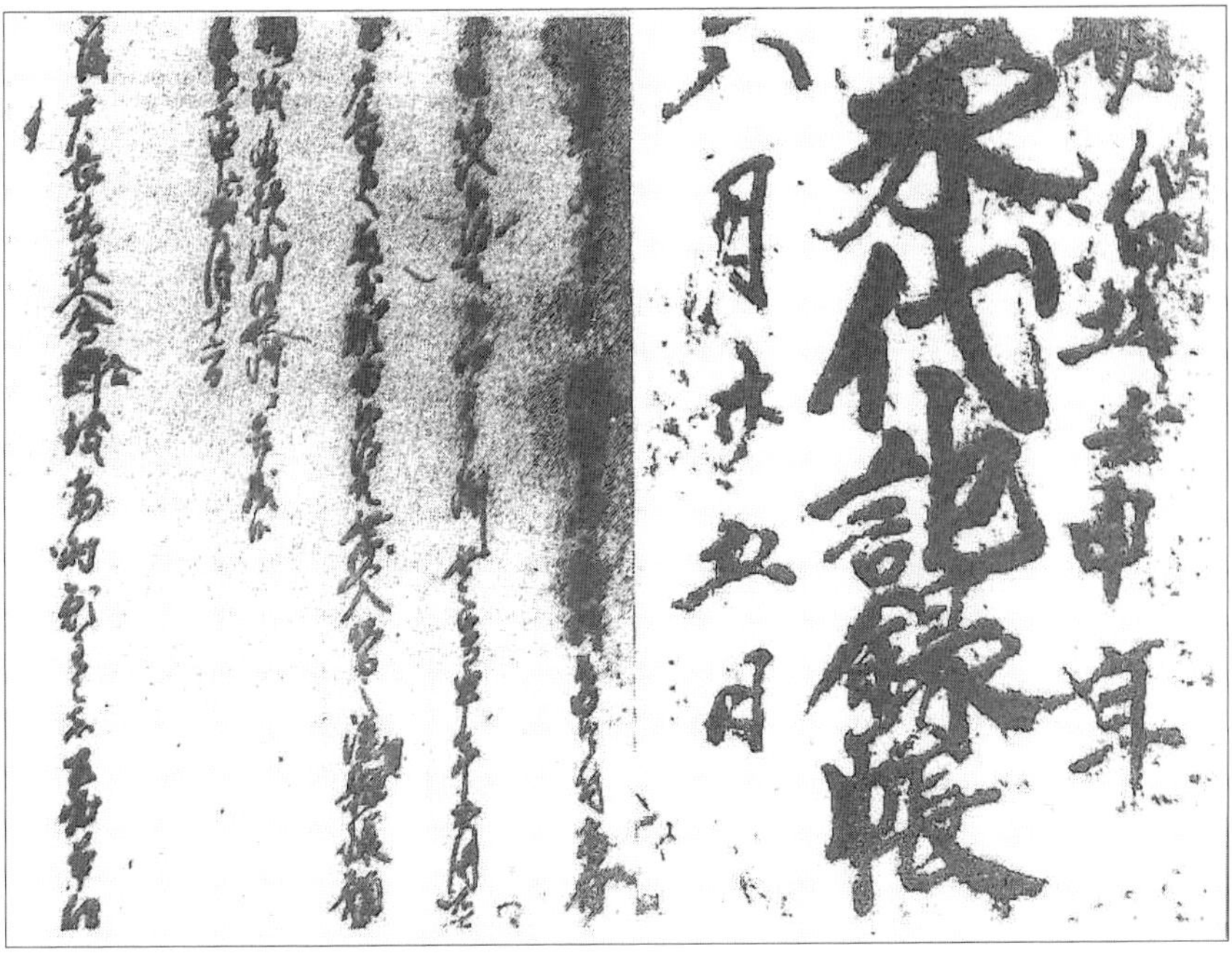

滋賀県坂本部落『永代記録帳』(1872年) 。ここでは 賤称廃止令の布達が300日もの間故意にのばされていた。

したのはこの頃である。

自由民権運動を弾圧した後に制定された憲法は民定ではなく欽定憲法であった。「臣民」の造語を作り、法律内の制限付き人権であり、違憲立法審査権もない憲法ではあったが、しかし十カ条の「臣民の権利」を規定していた。賤称廃止令とともに大正デモクラシー運動を支える根拠となる。

東京八王子の自由民権運動の指導者、キリスト教伝道士、山上卓樹

（3）解放運動の胎動

朝鮮支配をめぐって日本が引き起こした日清戦争は、最初の本格的な対外戦争であった。戦勝によって八幡製鉄所が出来たように、工場が勃興、資本主義が確立する。

増大する労働者は長時間、低賃金、無権利におかれていた。一八九七（明治三〇）年、労働組合期成会が高野房太郎、沢田半之助、片山潜などによって結成され『労働世界』を刊行する。日本最初の近代的労働組合であり、最初の労働組合機関紙であった。

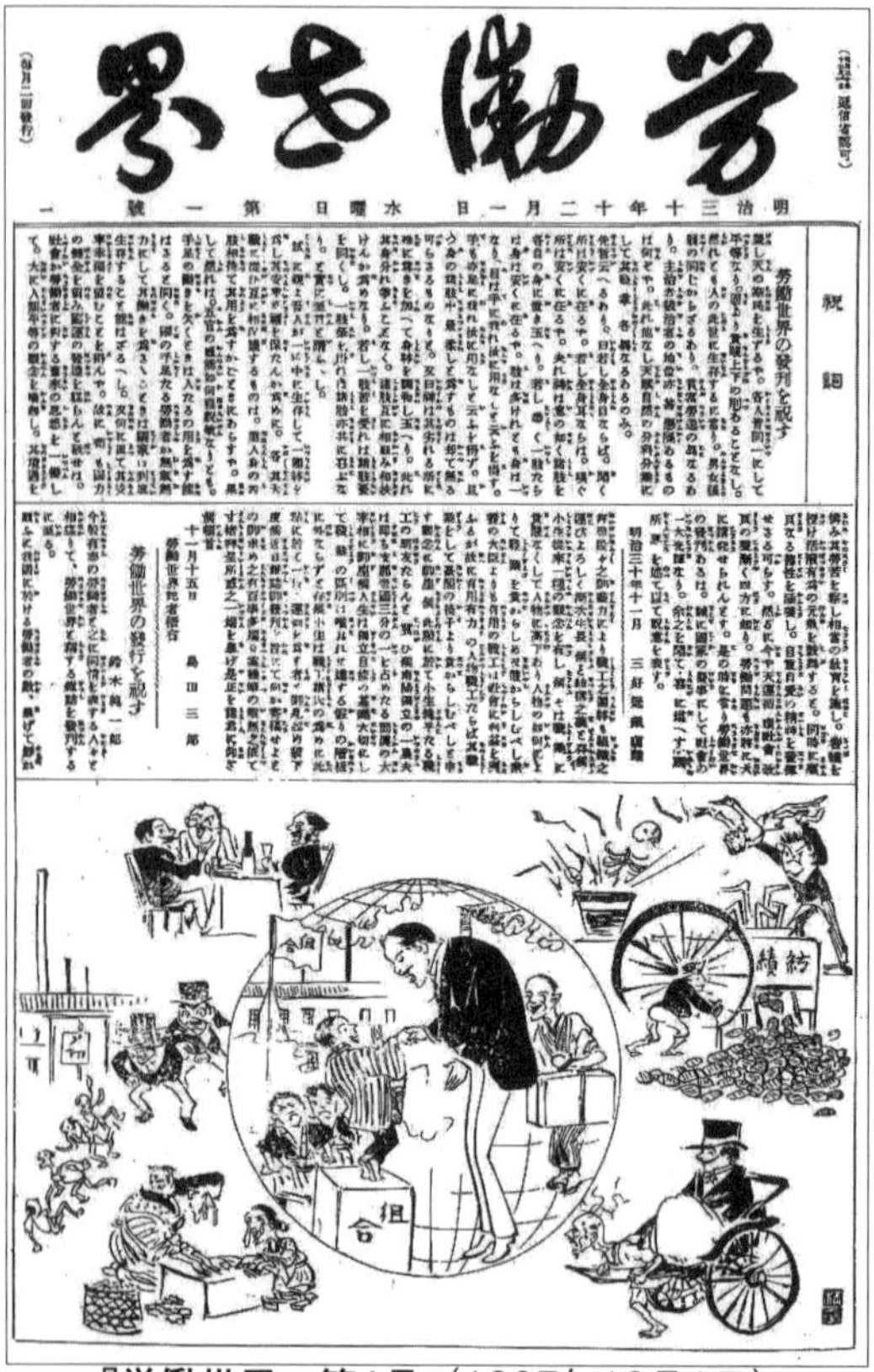

『労働世界』第1号（1987年12月1日）
（『〈労働世界〉と片山潜・実物大復刻版抄』）

『労働世界』創刊号トップ記事は、「蓋し天の斯民《このたみ》を生ずるや、各人皆同一にして平等なり、貴賤上下の別あることなし」とはじまる発刊祝辞であった。工場労働者の多数を占めていた紡績女工たちは、「工場は地獄よ主任が鬼で、

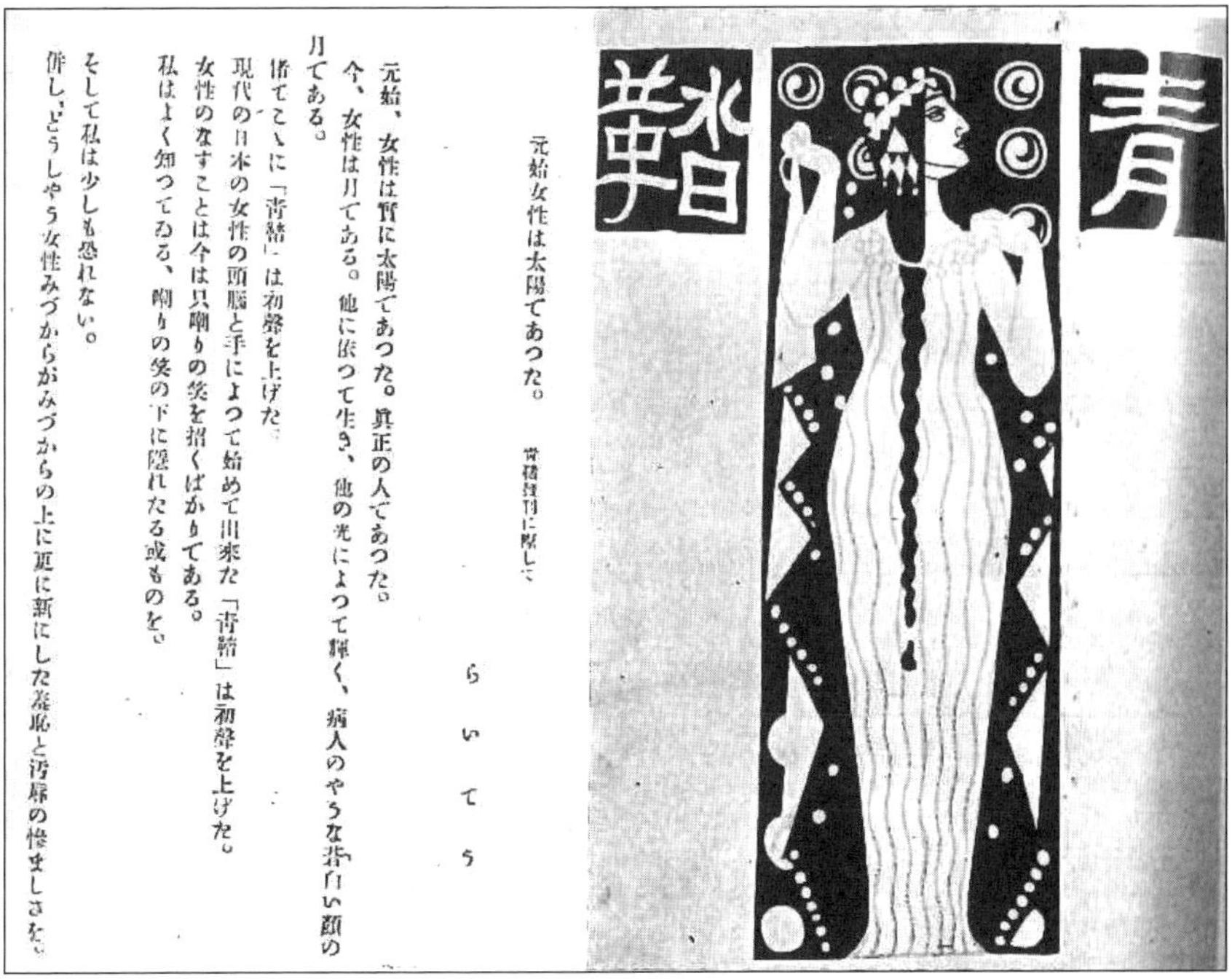

青鞜
元始女性は太陽であつた。

青鞜發刊に際して
らいてう
元始、女性は實に太陽であつた。眞正の人であつた。

今、女性は月である。他に依つて生き、他の光によつて輝く、病人のやうな蒼白い顔の月である。

偖てこゝに「青鞜」は初聲を上げた。

現代の日本の女性の頭腦と手によつて始めて出來た「青鞜」は初聲を上げた。

女性のなすことは今は只嘲りの笑を招くばかりである。

私はよく知つてゐる、嘲りの笑の下に隱れたる或ものを。

そして私は少しも恐れない。

併し、どうしやう女性みづからがみづからの上に更に新にした羞恥と汚辱の慘ましさを。

『青鞜』創刊号（1911年9月）

廻る運転火の車」「紡績職工が人間なれば、電信柱に花が咲く」と唄った。「女工小唄」である。

一九一一（明治四四）年、平塚らいてうが青鞜社を結成し、『青鞜』を発刊する。「原始、女性は実に太陽であった。真正の人であった。今、女性は…病人のような蒼白い顔の月である」と発刊の辞は書き出される。女性の権利宣言であった。同じ年に工場法が公布された。児童の就業禁止、年少者・女性の就業時間制限や夜業禁止などを定めた最初の労働者保護法である。しかし、その施行は第一次大戦後まで五年間も延期された。

この日清戦争後に、自主的な部落改善運動が各地で開始される。和歌山で岡本弥《わたる》らが青年進徳会を結成（一八九三年）、静岡で

大逆事件に連座して獄死した和歌山県新宮「部落寺」の僧侶・高木顕明（後列中央）

北村雷三郎らが風俗改善同盟会を結成（一八九六年）、岡山で三好伊平次らは組織していた修身会を全県下にひろげ備作平民会を結成する（一九〇二年）、奈良では大和同心会が結成された。広島で中江兆民に師事した前田三遊が「新平民団結の必要」を訴えたのは一九〇三年、島崎藤村の小説『破戒』が出版されるのは一九〇六年である。

日露戦争後には、政府もまた上からの部落改善運動にのりだす。一九〇八年の戊申詔書をきっかけにした地方改良事業の中で部落の実態調査を行い、融和政策を進めていく。一九一〇年、朝鮮を植民地にする「韓国併合」と、でっちあげの「大逆事件」とが同時に行われた。日本は植民地を収奪する帝国主義国家として世界に登場する。

被差別部落民衆の全国的結集は、第一次大戦後、福岡の博多毎日新聞社事件と米騒動を待たねばならない。

二　大正デモクラシーと全国水平社の創立

（1）京都で創立大会

領土再分割の第一次大戦にわりこみ、戦勝国の一員となった日本は、侵略的帝国主義国家として世界に登場する。だが、この大戦は「政治の民主化」時代の幕開けでもあった。

米騒動鎮圧にのりだした軍隊（1918年）

ロシア社会主義革命、アメリカ大統領の民族自決を含む一四カ条の平和原則、朝鮮三・一独立運動、インド・サティアグラハ独立運動、中国五・四運動、そして、平和維持を目的に最初の世界機構・国際連盟が成立する。日本では一九一八年、米騒動が起こる。指導者のいない自然発生的にはじまった暴動は、一道三府三八県、軍隊出動一二〇地点、空前の民衆運動であった。極窮権（生存権）が主張され、労働者に「組織なき者のもろさ」が自覚されていく。

一九一二年に鈴木文治ら一五人が創立した友愛会は、一九二一年に日本労働総同盟へと発展する。平塚らいてう達は、男女の機会均

福岡の大騒擾事件
所謂市民大會の運動と博多毎日新聞社襲撃

博多毎日新聞社襲撃事件（1916年6月17日）、差別記事に怒った部落の人々の自然発生的な闘い

等などを唱えて新婦人協会（一九二〇年）を、堺利彦らは日本社会主義同盟（一九二〇年）を、山川菊栄らは社会主義女性の赤瀾会を結成（一九二一年）。新人会（一九一八年）ら学生運動、婦人参政権獲得運動も開始される。民主主義を主張する雑誌「我等」「デモクラシー」「改造」「解放」がいっせいに創刊された（一九一九年）。大正デモクラシー運動の時代が開かれたのである。

被差別民衆の博多毎日新聞襲撃事件は、戦時中の一九一六年に起こる。「穢多は死骸となっても別扱いを受ける」などの露骨な差別記事に抗議して福岡市豊富区の民衆が新聞社を襲撃し、三五〇余人が検挙された事件である。事件の報道は被差別民衆の奮起をうながす。三重県鈴止村では、困窮する同地区に義捐金募集運動をおこし、徹真同志社を結成（一九二一年）、それは、三重県水平社の中心となる。福岡市で松本治一郎は、旧福岡藩主三百年祭費用の割り当てに反対して筑前叫革団を組織する（一九二一年）。同年、東京の同情融和大会で、平野小劔は民族自決団と署名したビラを配布している。奈良で西光万吉らは燕会を結成（一九二〇年）、一九二二年に『よき日の為めに―水平社創立趣意書』を発行する。

大正九年五月
金銭出納帳
第壱号
柏原燕会

燕会金銭出納簿、燕会の活動をうかがい知る資料（1920年5月）

奈良県柏原岩崎部落の燕会員

京都
全國水平社創立大會へ!!
一、常に自ら卑下せんとする特殊部落民の自覚と民衆の反省を促さんとする
會場　京都市岡崎公會堂
日時　来る三月三日正午（時間勵行）
男女何れを問はず奮つて参集せられたし
關東、東海、近畿、中國、四國、九州の人士を網羅す
水平社同人

「全国水平社創立大会へ」（1922年）

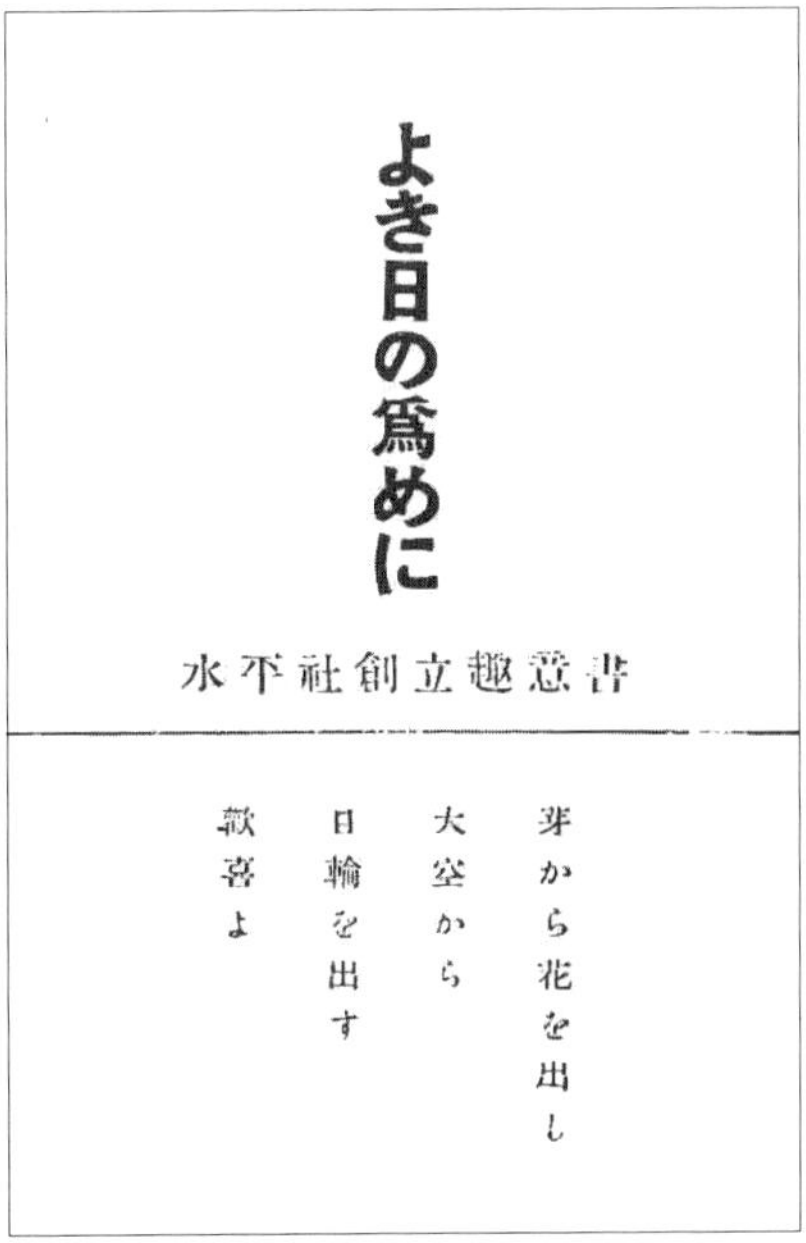

よき日の爲めに
水平社創立趣意書
芽から花を出し
大空から
日輪を出す
歓喜よ

「よき日の為めに」（1922年）

全国水平社創立大会は一九二二年三月三日午後一時、京都市岡崎公会堂（現・京都市美術館別館付近）で開催された。「解放・団結・自由」の旗と「三千余の人々」でうずまっていた。綱領、宣言、決議を「満場こぞって起立可決、拍手喝采満堂を圧した。」「全国に散在する我が特

綱領

一、特殊部落民は部落民自身の行動によつて絶對の解放を期す

一、吾々特殊部落民は絶對に經濟の自由と職業の自由を社會に要求し以て獲得を期す

一、吾等は人間性の原理に覺醒し人類最高の完成に向つて突進す

宣言

全國に散在する吾が特殊部落民よ團結せよ。

長い間虐められて來た兄弟よ、過去半世紀間に種々なる方法と、多くの人々とによつてなされた吾等の爲めの運動が、何等の有難い効果を齎らさなかつた事實は、夫等のすべてが吾々によつて、又他の人々によつて毎に人間を冒瀆されてゐた罰であつたのだ。そしてこれ等の人間を勦るかの如き運動は、かへつて多くの兄弟を墮落させた事を想へば、此際吾等の中より人間を尊敬する事によつて自ら解放せんとする者の集團運動を起せるは、寧ろ必然である。

兄弟よ、吾々の祖先は自由、平等の渇仰者であり、實行者であつた。陋劣なる階級政策の犠牲者であり男らしき産業的殉教者であつたのだ。ケモノの皮剥ぐ報酬として、生々しき人間の皮を剥取られ、ケモノの心臓を裂く代價として、暖い人間の心臓を引裂かれ、そこへ下らない嘲笑の唾まで吐きかけられた呪はれの夜の惡夢のうちにも、なほ誇り得る人間の血は、涸れずにあつた。そうだ、そして吾々は、この血を享けて人間が神にかわらうとする時代にあうたのだ。犠牲者がその烙印を投げ返す時が來たのだ。殉教者が、その荊冠を祝福される時が來たのだ。

吾々がエタである事を誇り得る時が來たのだ。

吾々は、かならず卑屈なる言葉と怯懦なる行爲によつて、祖先を辱しめ、人間を冒瀆してはならぬ。そうして人の世の冷たさが、何んなに冷たいか、人間を勦はる事が何んであるかをよく知つてゐる吾々は、心から人生の熱と光を願求禮讃するものである。

水平社は、かくして生れた。

人の世に熱あれ、人間に光あれ。

大正十一年三月

水平社

水平社綱領・宣言

『水平』第1号、創立大会号
(1922年7月刊)

後列左から　楠川　由久　平野　小劔
前列左から　阪本清一郎　西光　万吉
(1921年3月)

殊部落民よ団結せよ」に始まる宣言に、「会衆皆な声をのみ面を俯せ歔《キョ》欷《キ》の声四方に起こる…天地も震動せんばかりの大拍手と歓呼となった」と記録されている。

初期水平運動の指導者たち。前列左より、平野小劔、南梅吉、阪本清一郎、桜田規矩三、後列左より、米田富、駒井喜作、西光万吉

(一)　水平社リーフレット

人間にかへれ

セーロ

文明國と誇り世界の一等國だと意張つている現代の日本社會に於いて今尙ほ一部小數の人間を苦しめいると云ふのは實に非人道極まる非文明極まる野蠻國ではないか。

諸君よ、謂なき吾々小數同胞に向つて彼等一明社會はよくも數百年の今日も尙ほあき足らず横暴と迫害と侮辱とを加へ來つたのだそうして尙ほ經濟の自由と智識の自由とを奪づて最早や俺達人間までも奪つているではないか。

なるほど明治四年にエタの解放令が發布されたのであるが之は只だ一發の空破に過ぎなかつたのだ、この過去半世紀間に於て吾々の同族若しば一般社會の先覺者、同情家、爲政者に依つての部落救濟策は如何なる好果を齎らしたであらうか？

名に於てエタは新平民となり新平民は特殊部落となり特殊部落は小數同胞となつた。そこに差別か徹癈されたであろうか？

かへつて益々斯くの如き悲慘なる存在に到らしめたのではないか只だあまりに俺達兄弟を欺き過ぎたのではないか、部外の同情家に依つての差別撤廢や部落解放は絶對不可能であることをオレは斷言する、それは僞善的や賣名的や遊戯的でなくいかに眞實であつても上からの同情的を以て救ひ上げてやろうと云ふ息惠では到底駄目である、ロシャの貴族の或る革命家が當時の民衆に向つてこんなことを言つた。

「私ハ君達ヲ愛スル私ハ君達ノ爲メニ死デモヨイ君達ノ境遇ヲ改善センタメ一大變化ヲ將來スルニハ私ノ生命ヲ捧ゲテ之ニ當ル覺語デアル」

「オレ達ハお前サンナンカニ愛テナンカ貰ヒタクナイ何故トカフニお前サンニオレ達ノヤツテホシイ事業ハ出來ツコ無ンダカラソレハ何故ナンテツレハお前サン達ガ僕ノドン底

水平社本部発行「水平社リーフレット」(1922年4月頃) 全水最初のリーフレット、『水平』創刊前に発行された。「セーロ」は阪本清一郎。(『選民』復刻版 世界文庫)

全九州水平社創立記念（1923年5月1日、福岡市）

全四国水平社創立大会（1924年9月20日、松山市）

（2）徹底的糺弾闘争

水平社は燎原の火の勢いで全国の被差別部落に結成され、糺弾闘争がはじまる。「吾々に対し穢多及び特殊部落民等の言行によって侮辱の意志を表示したる時は徹底的糺弾を為す」が創立大会の決議第一である。糺弾闘争は被差別民衆に自らの尊厳と勇気を与えるものであり、労農運動などにない水平社の独自性を象徴する運動形態である。

糺弾は弾劾ではない。阪本清一郎は、「弾劾と違います。糺弾というのは、元に戻すという意味や。弾劾っていうのは、はじき出すことだっせ」、弾劾とまちがいやすいので糺弾の字を使ったのだ、と語っている（『解放新聞』一九八二年四月五日）。

糺弾は多くの場合、集会で総意を確認、交渉委員が侮辱した個人や関係組織に陳謝を求め、謝罪広告や講演会を求めた。新聞に載った初期の謝罪広告での謝罪理由が注目される。「小生の不徳の致すところ」という反省の他に、「先帝陛下の御詔勅にそむき」「四民平等の御詔勅を賜いしにもかかわらず」「実に上陛下に対し奉りては申し訳もない不忠不義」とするものが多い。絶対主義的天皇制下の民衆に平等な人権の思想は広がっていない。

糺弾件数は創立の翌年に約一二倍、その翌年には約一五倍と急増している。糺弾闘争に対抗する官憲の弾圧、右翼団体の介入、部落への襲撃などの事件が起こる。水国争闘事件、世良田村事件に代表される。

水国争闘事件は、一九二三年三月奈良で起こった。嫁入り行列を侮辱したことを糾弾、話し合いに国粋会が介入し水平社との対立に発展、警察の非常動員、憲兵隊が出動した事件である。和解後に水平社三五人が検挙され、指導者に懲役をはじめ全員の有罪判決、国粋会側は一二人検挙で軽い処罰であった。さらに奈良県警察は「糾弾行為取締」を通達、糾弾を犯罪としたのであった。

世良田村事件は、一九二五年一月に群馬県で起こった。前年暮れの糾弾で本人は謝罪し解決しよう

年次別差別糾弾件数の推移

年次	大会	糾弾件数	被検挙者	
			件数	人員
1922	1	69		
23	2	859		
24	3	1046	75	157
25	4	1025	75	276
26	5	825	30	97
27	6	567	34	109
28	7	620	30	54
29	8	482	22	58
30	9	552	13	48
31	10	615	14	44

馬原鉄男『新版・水平運動の歴史』

謝罪

私儀

畏クモ明治四年發布セラレタル御詔勅ヲ無視シ穢多云々ノ差別的言辭ヲ弄シタルコトニ付、貴社同人ヨリノ訓誡ヲ拜聽シ不肖ガ在來因襲的差別観念ヲモチシコトヲ深ク痛歎シ併セテ紙上ニ謝罪仕候

大正十三年十二月

桂川村大字壽命

江口○○○

壽命水平社
全國水平社 御中

謝罪

畏モ先帝陛下ニハ明治四年八月二十八日、太上官布告ヲ以テ四民平等ノ御詔勅ヲ賜ヒシニモ拘ハラズ十二月八日、貴社同人ニ對シ穢多云々ノ言語ヲ以テ侮辱シタルハ實ニ如上ノ聖旨ニ背キ人間性ヲ冒瀆シタルモノト大イニ非ヲ悟リ、今後ハ決シテカクノ如キコトヲナサザルヲ期スルト共ニ未ダ無自覺ノ人士ノ反省ヲ促スタメ如上謝罪候也

大正十三年十二月

中野○○○

嘉穂水平社
全國水平社 御中

全九州水平社機関紙『水平月報』(1925年2月15日号)

としていたところ、村の支配層が本人の約束を反古《ほご》にさせ、自警団を組織、村長の斡旋も拒否し、一〇〇〇余人が二三戸の村を襲撃した事件である。襲撃者の二三人が懲役六ヵ月以下の処罰だったが、襲撃された村から五人が起訴され、六ヵ月から五ヵ月の懲役刑となった。こうした試練をこえて水平社は、差別の現象から差別の本質へと目を向けて方向転換を模索していく。

水平社第3回大会（1924年3月、京都）を終えて、松本治一郎がはじめて参加．中央に阪本清一郎、後列左から米田富、松本治一郎、清住政喜

奈良県水平社第1回夏期講習会（1924年8月15・16日）
2列目中央（△印）左が住谷悦治、右は小岩井浄

（3）婦人水平社と少年少女水平社

創立大会後の演説会で、奈良の一四歳、少年代表山田孝野次郎は学校での圧迫と侮辱の例をあげ、「この嘆きの因習を打ち破って下さい、光り輝く新しい世の中にして下さい」と訴えた。つづいて岡山出身二四歳、大阪・天王寺小学校教師岡部よし子は部落婦人の覚醒を呼びかけ、「スパルタ武士の母よ出でよ、ジャンヌダークの如き娘出でよ」と訴えた。水平社の早期の糾弾闘争は、創立から二カ月後、「今日はエッタの当番か」と児童が侮辱される奈良の大正村尋常高等小学校事件である。青年団長で水平社奈良地方委員であった木村京太郎が抗議し、騒擾罪で検挙、投獄された。創立の時から水平社は、子ども、女性、教育の差別を問題とし、その「解放」を要求していたのである。

山田孝野次郎（1925年5月7・8日、大阪）
（全国水平社第4回大会）

山田孝野次郎は、各地の水平社創立大会に出席し、少年少女水平社の結成を呼びかけた。一九二二年七月に奈良・大福に中和少年水平社結成、翌年の水平社第二回大会は「全国少年少女水平社設立」を可決、さらに第三回大会は「少年少女水平社全国大会開催」や「小学校における差別待遇撤廃」を議論している。奈良、群馬、和歌山、長野、岡山などに結成されたようだが、そのくわしい活動はわかっていない。しかし、後の小作争議の中で結成されるピオニール（無産少年

第4回大会で婦人水平社設置促進について熱弁をふるう九州水平社の菊竹トリ（17歳）（1925年5月7・8日、大阪）

福岡県婦人水平社大会記念（福岡・博多座、1925年5月1日）
後列左から2人目が西田ハル

団）、児童の同盟休校の活動につながる。

女性運動が社会運動として大きく発展するなかで婦人水平社は誕生する。少年少女水平社と同じく水平社第二回大会で、奈良・柏原水平社の阪本和枝（阪本清一郎夫人）の提案で結成された。「二重三重の差別と迫害」を糺弾し、女性の権利、母の権利を要求する。「水平新聞」創刊号（一九二四年六月二〇日）は「婦人欄」を設け、第二号では社会主義婦人団体・赤瀾会の山川菊栄が「部落の姉妹へ」を書いている。水平社第三回大会は婦人水平社の発展を討議した。群馬、茨城、長野、新潟、栃木、千葉、埼玉七県による関東婦人水平社、埼玉県児玉、大阪南河内郡新堂、奈良、福岡などで結成されているが、そのくわしい活動内容はまだわかっていない。水平社大会は、くりかえし婦人水平社の発展・強化や全国的連絡について討議しているが、治安維持法体制と戦時体制の中で独自の発展は困難であった。

三重県松阪の小作争議弾圧で上田音市ら犠牲者入獄記念、松阪駅前
(1922年7月12日)

三　連帯の広がりと政治闘争

(1) 政治闘争への進出とアナ・ボル対立

米騒動後に労働争議、ストライキ、労働組合の結成が広がる中で、一九二四年二月、政府の労働政策が大きく転換する。政府が決めていたＩＬＯ労働代表を労働組合公選にすると変更したのである。労働組合の事実上の公認を意味する。選出されたのは日本労働総同盟の鈴木文治である。総同盟は、この公選制やまもなく実施予定の普通選挙を利用する現実主義路線へ方向転換するが、それは内部にあった階級闘争重視の左派と協調的労働組合主義の右派との対立をさらに深めることになり、翌一九二五年、日本労働組合評議会の結成となり、総同盟は分裂する。

この時期に、水平運動もまた方向転換と内部対立を表面化して新段階に進んでいた。差別者個人への徹底的糾弾によって個人の差別言動は表面からしだいに消えて行き、新たな運動方針が問われる状況の中で、運動を指導する中心的勢力となったのは共産主義者たちの全国水平社青年同盟であった。

水国争闘事件のあった年の一九二三年一一月、岸野重春、高橋貞樹、松田喜一、木村京太郎らによって結成され、独自に機関紙『選民』を発行した。「未来は青年のものである」「量より質へ」が合言葉であった。第四回大会（一九二五年）では、「徹底的糾弾以上に進出して差別の根本組織に向って目を開かなければならない」と訴え、第五回大会（一九二六年）では綱領を改正、「我等は賤視観念の存在理由を識るが故に明確なる階級意識の上にその運動を進展せしむ」とし、政治闘争への進出を明確に宣言する。

青年同盟は、創立の二年目には「無産部落民の解放運動を一般無産者の階級闘争に合流」することを目的にした全国水平社無産者同盟へと発展的に改組して、全日本無産青

選民

轉換期に立てる水平運動
——一九二四年を回顧して——

吾々は、青年同盟の創立以来、水平社の陣営を整理し、これを確固たる全国的組織に組立ると共に、大衆に鉄のような訓練を与へることの必要を絶叫して来た。今や、全国水平社は漸くこ……

吾々は偶々表面に現れたかような結果を糾弾するのみでなく、不純分子——不純傾向を生ぜしめる一切の禍根を一掃せんことを希望する。

この禍根一掃の道は何か。水平社本部の間には、在来二つの……

全国水平社青年同盟機関紙『選民』第11号（1924年12月15日）

◆政治鬪爭への方向轉換を叫ぶ京都府水平社大會◆

第5回京都府水平社大会（「水平新聞」1927年2月1日号）

年同盟に加入、さらに水平社労農党支持連盟を結成していく。この青年同盟のグループは共産主義・ボルシェビズム＝ボル派と呼ばれた。これに対抗して「人間礼賛、自由連合主義」を主張する小山紋太郎、北原泰作らは無政府主義・アナキズム＝アナ派と呼ばれ、一九二六年九月、全国水平社解放連盟を結成、独自に『全国水平新聞』を発行する。アナ派の解放連盟が解散し、水平社が統一と団結を取り戻すのは三年後の一九二九年（第八回大会）であった。

奈良県鴨公村飛騨の鴨公革新青年団（無産青年同盟飛騨班）

奈良県片桐村西田中無産青年団（無産青年同盟西田中班）

農民労働党結成（即日禁止）に参加した水平社政治部長上田音市（後列右端）、
浅沼稲次郎（後列左端）（1925年12月1日）

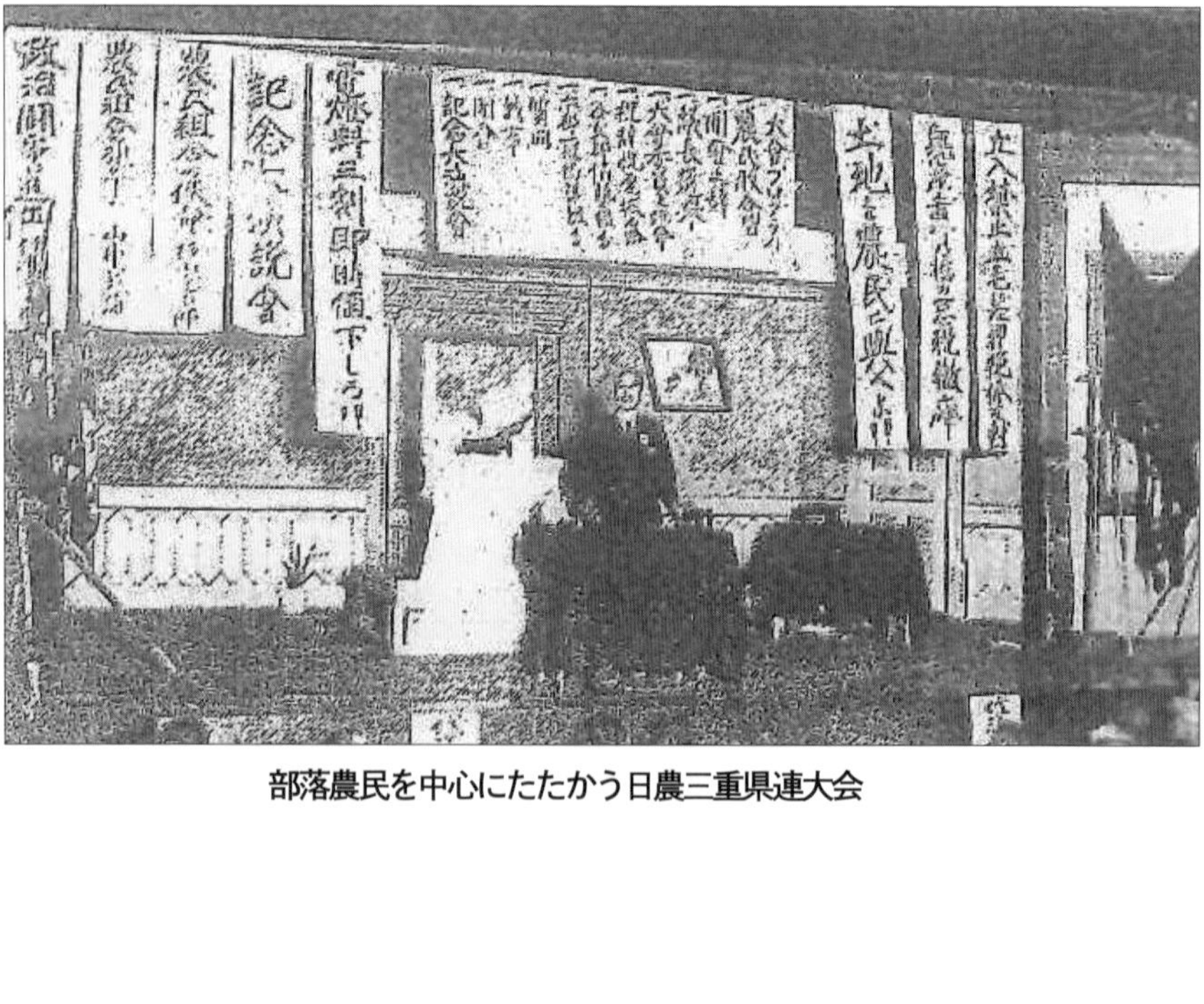

部落農民を中心にたたかう日農三重県連大会

全国水平社第３回大会(1924年3月3日)
壇上の泉野利喜蔵

全国水平社第3回大会（1924年3月3日）
京都岡崎公会堂、会場前

全国水平社第4回大会（1925年5月7・8日、大阪）

全国水平社第4回大会を終えて

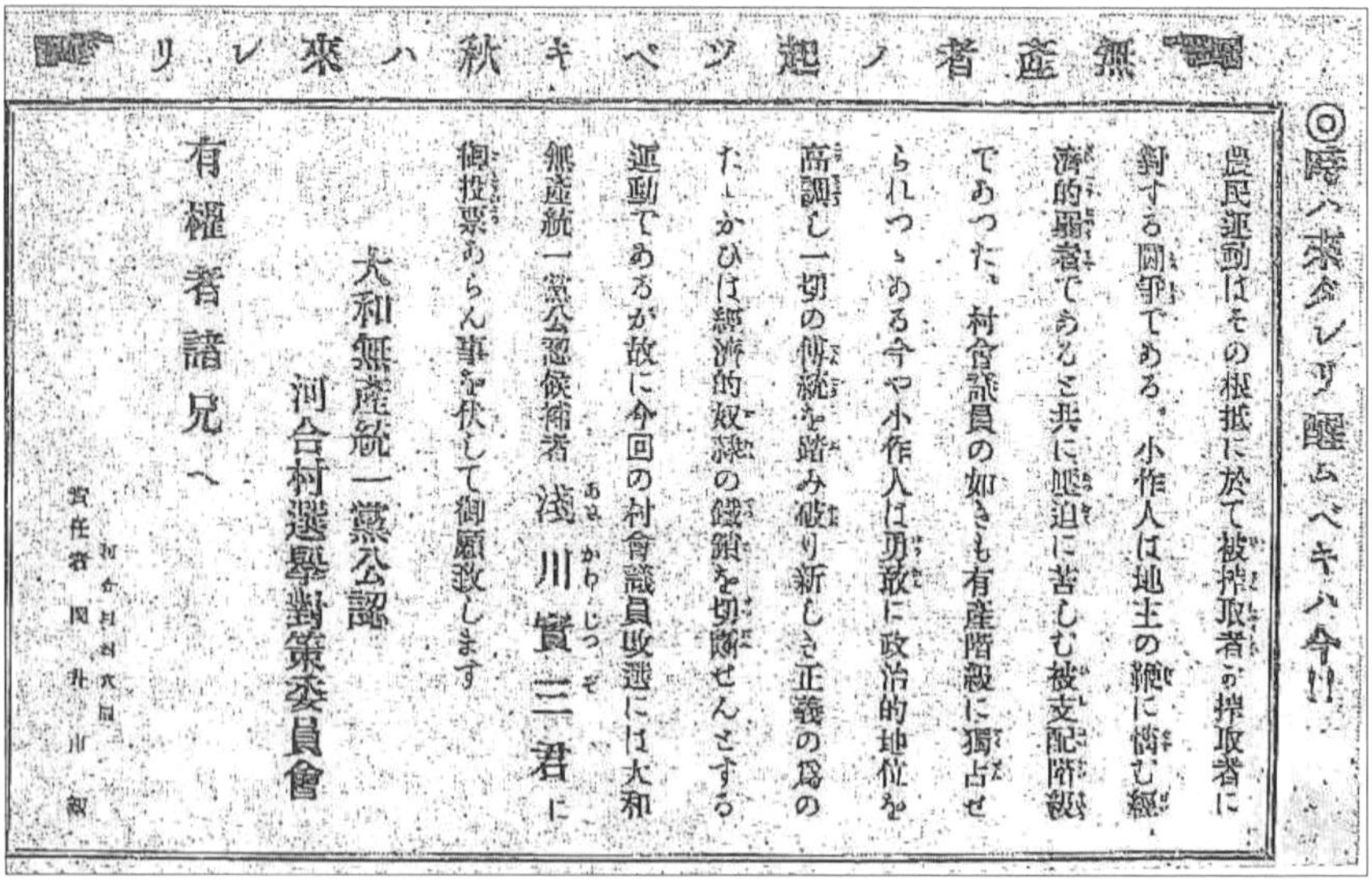

無産者ノ起ツベキ秋ハ來レリ

◎時ハ來タレリ醒ムベキハ今ゾ

農民運動はその根抵に於て被搾取者の搾取者に對する闘爭である。小作人は地主の鞭に惱む經濟的弱者であると共に壓迫に苦しむ被支配階級であつた、村會議員の如きも有産階級に獨占せられつゝある今や小作人は勇敢に政治的地位を高調し一切の傳統を踏み破り新しき正義の爲のたゝかひは經濟的奴隷の鐵鎖を切斷せんとする運動であるが故に今回の村會議員改選には大和無産統一黨公認候補者 浅《あさ》川《かわ》實《じつ》三《ぞう》君に御投票あらん事を伏して御願致します

大和無産統一黨公認
河合村選擧對策委員會

有權者諸兄へ

労農党解散（1928年4月）後、奈良県で結成（1929年4月14日）された大和無産統一党は、翌月の5月15日、普選後初の市町村議選挙に12名の公認候補をたて、水平社の阪本清一郎、浅川実三を含む9名を当選させた。

（２）「三角同盟」―共同闘争の展開

零細な小作貧農が大多数で、人力車・荷車曳き・仲仕・土方らの単純力役や工場労働者・職人に占められていた水平社の民衆に、労働者・農民との連帯は創立から重要課題と意識されていた。水平社では、これを労・農・水の「三角同盟」といった。

第二回大会（一九二三年）で農民組合の結成を決議、第三回大会（一九二四年）では、「被搾取階級と提携し共同の戦線に立ち、他の社会運動に参加せねばならない」ことが論議された。社会運動、階級闘争への進出をためらう穏健派の声に対し、この第三回大会を傍聴した社会主義者堺利彦は、「水平運動が労働運動および農民運動と密接に結び合って、日本無産階級の三大陣営となることは、もはや疑いのない明白な事実だ」（「水平社大会の印象」『堺利彦全集〈６〉』）と述べた。

各地水平社では小経営者もいるという部落の矛盾を抱えつつ、「三角同盟」は広がっていった。青年同盟のいう「一般無産者の階級闘争に合流する」運動が発展する。

三重県では、一九二二年に日本農民組合三重県連合会が結成されると、重なり合って水平社が県下に広がっていく。奈良県では、西光万吉らが一九二四年、日本農民組合生駒連合会を組織、翌年に奈良県連を創立、西光は日農中央執行委員になって農民運動に専念していく。一九二四年、香川県水平社の西原佐喜一は日農県連書記であり、埼玉県の近藤光は日農県連を組織する。

(一)　水平リーフレツト

水平リーフレツト

（一）

農民號

大正十四年一月二十日納本
大正十四年一月廿五日發行
編輯兼發行印刷　栄川助四郎
定價一部　金一錢

發行所　奈良縣高市郡鴨公村飛彈
奈良縣水平社本部

賣捌所　三重縣飯南郡松坂町
三重縣水平社本部

小作人は農民組合を作りなさい
—鋤造と鎌作の對話—

田地を返へすほどなら

スキ　何うです鎌作さん、去年の夏は旱魃にずい分苦勞しましたね。

カマ　まつたく去年の米は、池や河水で出来たものではなくて、わし等の汗水で出来たやうなものだ。

スキ　時にあなたの村の小作料は決まりましたか。

カマ　さあ、それがどうも困つてゐるのさ。地主達がどうも強硬でな。今年だけは特に二割だけマケてやる。それでイやなら田地を返へせと云ふので、わし等も、いつそ返してしまはうかとも思ふが、サテそれでは一層こまるからな。

スキ　まつたくですよ。田地を返してもよい様な生活状態なら、別に小作米なんかマケてもらはなくてもすみますからね。

カマ　そう云ふやそんなものだ、けれども地主の方では、そうは思つてくれないで。

スキ　だから　わし等は各村に小作人組合を作るのです。

カマ　以前なら昔からわしの村にもあつたが、今も云つた通り地主達が石あたまで、冷たくて困つて来てゐるから、すぐに田地をとり上げるの、小作調停法にかけるの、裁判所へもちだすのさ。そればかりか電燈料や肥料代の借金まで一時にさい促さ。

スキ　いかにも石あたまですね。

カマ　だから組合をつくるよ。皆がつくれさ。こんな地主にかゝつてはまつたく組合もへチもあつたものでない。

スキ　まつたくですね。それで組合の弁護士には何うすると云つて居られますか。

カマ　わし等の組合には弁護士なんかゐない。

スキ　のんきですね。今時の小作人や勞働者の組合に顧問弁護士のない組合なんかありま

農民組合の組織づくりを呼びかけた水平社リーフレット。西光万吉が書いた。
（1925年1月25日発行）

三重県飯南郡大河内村（笹川地区）立毛差押争議（1925年9月）

全国水平社第5回大会（1926年5月2〜3日、福岡）「水平新聞」（1926年3月25日）挿絵

職人・労働者の組織化も進む。三重県の車夫同盟、借家人同盟、伊勢表（草履表製造）職工組合、奈良の鼻緒職工組合、白表（草履表製造）職工組合、香川県で製紙労働組合などが組織されている。一九二六年の福岡市原田製綿所の争議では、九州婦人水平社の西田ハルが部落の女工を中心に九州婦人労働協会を結成して争議を指導した。

部落貧農が小作争議破りに利用されるなどの困難な事態にも直面しながら、水平運動は徹底的糾弾から連帯と共同闘争の新たな段階へ進展する。

奈良県メーデー（1927年）、水平社員・農民組合員ら5000人参加

奈良県大福水平社（1927年）

全国農民組合三重県連合会事務所建築記念（1928年5月頃）

全国水平社第9回大会（1930年12月5日、大阪）

舟木医師差別糺弾奈良県民大会（1931年1月18日、御所小学校）

(3) 軍隊体内差別糾弾闘争と第一回普通選挙

男は満二〇歳になると徴兵検査を受け、陸軍の場合、甲種合格者は二年間の兵役に服し、除隊後には在郷軍人として戦時召集を待つ義務があった。大正デモクラシーの中で青年団の自主化が広がると、政府は一九二六年七月、青年訓練所を設立する。尋常小学校卒業から徴兵検査までの青年を対象に軍事教練の強化を目的にしている。各地で青年訓練所反対、軍国主義反対運動が起こり、水平社第五回大会も軍事教練反対を決議した。同時に、水平社では軍隊内差別が重大問題となる。

水平社第二回大会(一九二三年)が「陸海軍隊に於いて我ら特殊部落民に対する虐殺的差別は今も存在している」と陸海軍大臣に抗議書を出してからずっと軍隊内差別は水平社の重大問題であった。上官も加担する蔑視と差別があり、差別事件が頻発していた。軍隊宿舎忌避事件、兵庫県篠山歩兵連隊差別糾弾闘争などが起こっている。

一九二六年一月、福岡歩兵第二四連隊に入隊した福岡県水平社青年同盟の井元麟之らは、差別と闘うため兵卒同盟を結成、地元の在郷軍人会と協議し水平社本部と連携して、二月、差別糾弾闘争を開始する。抗議と交渉を繰り返し、ついに軍は連隊主催の融和促進講演会の開催を約束した。だが「勝利解決」「謝罪講演会」と書いた報告のビラに、軍は威信を傷つけたとして約束を破棄する。日農や

「首謀者」として弾圧、投獄された
全国水平社松本治一郎委員長

差別事件の舞台となった福岡歩兵第二四連隊正門

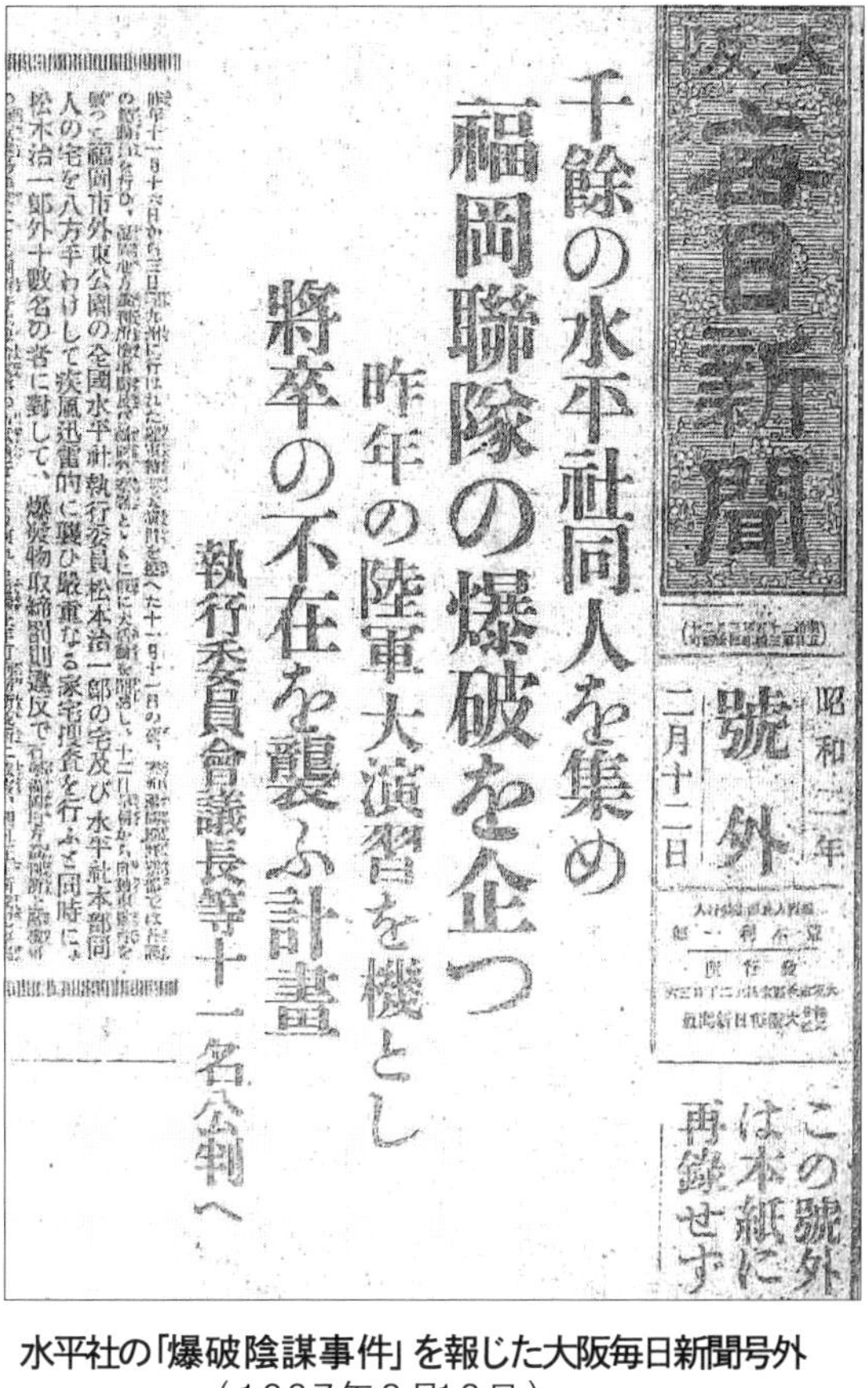

大阪毎日新聞
號外
昭和二年二月十二日

千餘の水平社同人を集め
福岡聯隊の爆破を企つ
昨年の陸軍大演習を機とし
將卒の不在を襲ふ計畫
執行委員會議長等十一名公判へ

この號外は本紙に再錄せず

水平社の「爆破陰謀事件」を報じた大阪毎日新聞号外
（1927年2月12日）

労働組合評議会へ支援活動が広がっていく一一月、「福岡連隊爆破陰謀事件」容疑者として、中央委員長松本治一郎、本部常任理事木村京太郎ら一七人が、突如として検挙された。デッチあげ謀略事件である。上告も却下され投獄される。

一九二七年一一月、岐阜水平社の北原泰作が、名古屋練兵場で閲兵中の天皇に直訴状を渡そうとして逮捕される。軍法

水平社暴圧反対同盟関西準備会主催の関西協議会案内チラシ（1927年2月11日、京都市）

天皇直訴の北原泰作二等兵を裁く軍法会議（1927年11月）

会議で懲役一年、陸軍刑務所に収監される。

一九二八年一月、水平社本部理事の中村甚哉は、京都伏見工兵隊から脱営して奈良の労農党演説会に出席、さらに大阪市の労農党演説会に軍服・帯剣のまま出席し、演説しようとして逮捕された。直訴事件直後の水平社第六回大会は、「言論集会出版の自由」「差別撤廃の自由の獲得」を要求する大会宣言を決議した。

一九二八年二月、男子普通選挙法による初めての総選挙があった。水平社中央委員会は、政治的自由獲得のために総選挙に参加し、「ブルジョア政党の排撃」を声明していた。水平社から三人が労農党公認として立候補した。中央執行委員長の松本治一郎（福岡）、教育出版部・日農常任中央委員の

第1回普通選挙（1928年2月20日）に労農党公認として立候補した清原 一 隆（西光万吉）のリーフレット。西光は8779票を得たが、次点となり惜敗。

清原一隆（西光万吉、奈良）、中央委員・岡山県執行委員長の三木静次郎。三人は惜敗したが、労農党の山本宣治、水谷長三郎を含めて無産政党八人が当選、政府に衝撃を与えた。総選挙直後の三月、共産党と支持者が全国一斉に検挙される。三・一五事件である。水平社から西光万吉、松田喜一、木村

清原一隆選挙ポスター
（1928年2月）

清原一隆選挙ポスター
（1928年2月）

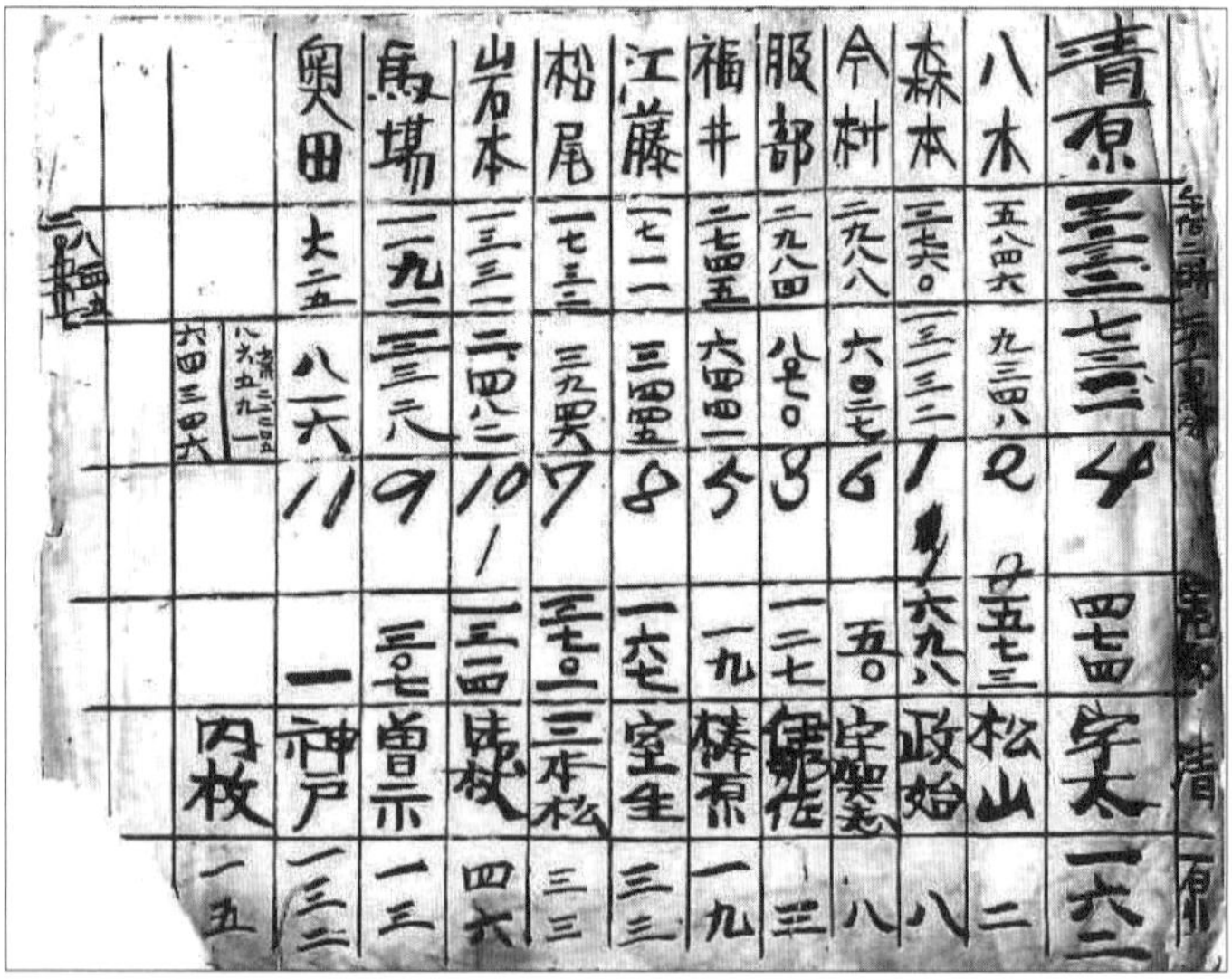

清 原一隆開票集計経過票 （1928年2月）

兵卒の自主權確保!!

軍隊內の差別を撤廢せよ!!

階級意識を叩き込んで
入營兵士を送れ
營內の差別を撤廢しろ!!

一月十日、我等の若き兄弟が入營する日である。工場から農村から、商店街から、街頭から、働き盛りの若者は引出されて、ブルジョアジーの城塞を守る內×として、迫り來る×××戰爭にかり立てるための教育を叩き込まれる。

御國のためだ、御×公だと、上調子な×國主義の音に踊らされてすつかり逆上さつたまゝ兵營に入る。

だが、それ等の若人の一人々々には工場を離られた者、一家の生活を支わて來た者、病父を殘せる者、妻子を餓わさせた者等々凡ゆる悲惨なる事實がひそんでゐる。

しかも一度營內に入れば、そこには二年兵の初年兵虐待。上官の兵卒に對する虫ケラの如き扱ひ、かてゝ加へて、我等の若き兄弟は「エタ」なるが故に差別待遇されるのだ。

これ等は皆、兵卒同志間に於ける對立を——そうだ、彼等の言ふ軍規を亂さない程度の——利用して、兵卒の持つ數々の不平不満と兵卒の自覺とを阻むためのカラクリなのだ。

わが全國水平社は、營內の差別撤廢のためには、**最大級の戰ひを續けた輝ける歷史を持つてゐる。聯隊事件、北原事件、中村事件**皆それである。

我々は我等の若き兄弟を安っぽい×國熱に浮かされたまゝ營內に送り込んではならぬ。軍隊內の差別撤廢、兵卒の自主權獲得の最大綱領を、よく戰ひ抜き得るために、階級意識を叩き込んで、勇敢なる我等の戰士として、若き兄弟を送り込め。

先づ入營者を中心として、水平社、黨、組合等の合同送別會、茶話會、懇談會等を開いて、**軍隊とはどんな所か、××主義戰爭とはどんなものか、俺達は何のために軍隊へ入いらねばならないのか**等を話して、しっかりと階級意識を叩き込み又、既に退營した人々から、差別を受けた經驗、それと闘つた話、及び上官の懲罰に對して兵卒同志團結して闘つた話等をして貰ひ、入營者と外部とが連絡して、「差別撤廢」「兵卒の自主權獲得」のために闘ふ事を誓わねばならぬ。

若き同志を營內に送るにあたり、我々の闘ふスローガンは斯うだ

兵營內の差別をなくしろ!
兵士の家族の生活を保證しろ!
兵卒の待遇を改善しろ!
兵士の言論、結社加入の自由を認めろ!
軍國主義、××主義戰爭絕對反對!

あの時は
痛快だつた
N君送別會の思ひ出

「N君の送別會は何時やるんだい」ニキビ面の私服が、僕等をつかまへて、二、三日前からしつこく聞いたものだ。誰もがデタラメな返事をしてゐたが、時節ではかなり緊密な警戒をしてゐた。

昭和二年十二月二十六日、寒い日だつた。正午頃、送別會のレポを貰つた。

午後六時、五條橋畔の一休庵三階。皆が分れ〳〵に出かけた。赤い火、青い火の明滅する一休庵の外には墨くろぐろと「西村××君送別會場」と書いてある。俺はびつくりした。突飛な事をしたもんだと思つた。だが、間違つてゐた。「村」を「林」と讀み違へた。

二階では、紋付の羽織を着たこの近邊のヘラヘラ息子の送別會を——入營のだ——青年團主催でやつてゐたベラ〳〵した紋付袴に混つて、グロテスクな青年訓練所の正服なさが、醜態な醜部を前に、酒を呑んでゐる。

俺は三階へ上つた。皆顔が揃つてゐた、三、一五で今は獄中にゐる池上、橋本、太田君との青同のH、Kや水平社のH、T、A、S、Oなど皆顔を揃へてゐる。皆で三十人程も居たらうか粗末なテーブルを二列に並べて皆が席につく。

司會者が立つて挨拶する。入營者Nが挨拶する。

Mの經驗談がある「差別をした奴があつたが、ブンなぐつてやつたら、問題が大きくなり中隊長が仲に入つて解決した」

それ等の外にも經驗談が二つ三つあつた。後から批評だ。「たゞ差別者をなぐつたり、中隊長の訓辭を聞かしたりでは充分でない。そうして間違つた考へを持つた兵卒には、よくわかる様に話してやつて、ブルジョア軍隊と戰爭かなぞを說明して、兵卒として同じ立場からなすべき多くの仕事を教へてやらなくてはならぬ」「異議なし」

皆がその說に賛成する。それから、上官などの虐待や差別問題はすぐ京都府水平社本部へ知らせること、一月十日には伏見まで見送り、中隊長に代表者が逢つて警告を與へることなどの手はずを決めた。

來會者全部が、五分間づゝの挨拶に熱をあげて注意深く三々五々會場を出る。費用一人前コーヒー二つケーキ一つ。それで四時間はタツプリ。夜は更けて加茂のせゝらぎが寒く聞えてゐる。後からそれを知つたスパイ共が地團太踏んださうか、何しろあの時は痛快だつた。

——京都田中にて N生——

××に椅子を
叩きつけた
同志松田!!!

×、××事件の時警察で取調べ中の話だ。松田喜一君が大阪の×之×警察で取調べの時、係×な×問に遭ふたが頑として×を開かなかつた。イラだつたスパイ共、

「このドエツタぼし、何處まで強情だッ!」とぬかしたものだ。

「うぬッ—!」

蹶然、立上つた松田君は、椅子を振上げ、テーブル目がけて叩きつけ阿修羅王の如くあばれたものだ。

想ふても見よ!!××黨事件の刑事室に於ける取調べ、そこには人類の歷史の一大恥辱たる惨×極まる××があるのだ。

そこに於いて、決然と蹶然と蹶つた同志松田の英雄的行動!!今、同君は四年の刑に下らんとしてゐる。我々は彼れの健康をひたすらに祈るものだ。

(時評續き)

意氣を言葉に憤慨せる總同盟員は、反動ゴロを叩き伏せた。相對立せる反目の裡に、午後四時公判終るや、總同盟の諸君二百餘名は、公判廷外に待ち受けて、闘々しい相愛會の被告及び傍聽人を觀衆激々になぐりつけた。

飯塚檢事總指揮となり、總同盟の傍聽人及保釋中の被告併せて百五十名を檢擧した。

朝鮮學生の
大示威

全羅南道光州の鮮人學生殺傷事件に憤慨せる京城學生の檄文撒布を動機として、朝鮮學生の盟休、大示威運動は、今や全鮮を掩わんとしてゐる。

しかも、これは單なる學生の盟休ではなくして、全鮮民衆の日本帝國主義の武×征×に對する反×運動と結びつけられた、歷史的使命を帶びたカムパニヤ

「兵卒の自主権」を要求(「水平新聞」1930年1月1日号)

京太郎ら二十数名が検挙、投獄された。四月、労農党、労働組合評議会、無産青年同盟が結社禁止となる。翌一九二九年四月、さらに、共産党とその支持者が全国で検挙、投獄される。四・一六事件である。「福連事件」からひき続く運動弾圧に、水平社はさらに苦難な道を歩まねばならなかった。

四　暴圧・恐慌・戦争に抗して

（1）生活権擁護―失業反対闘争

謀略による「福岡連隊爆破陰謀事件」、引き続く「三・一五事件」の弾圧で多くの活動家が投獄された。水平社は、運動の自由を要求する「水平社暴圧反対運動」とともに生活擁護運動を全国的に展開する。一九二七年に始まった昭和恐慌、引き続く一九二九年の世界恐慌が部落民衆の生活をどん底へつき落としていった。「仕事を与えろ飯を食わせろ」「失業反対」「生活権擁護」の闘争が激しく広がっていく。

一九二八年九月、三重県松阪の日野町水平社は、三五〇人が集まる区民大会で「生活権擁護と失業防止の為に…産業組合消費組合等の部落民事業に対する低利資金の貸与と補助金の要求」など四項目の要求を決議した。

一九三〇年五月、和歌山県田辺町の貝釦《ボタン》争議では、貿易不振を理由に低賃金をさらに二割引き下げたことに反対、一割の賃下げにおさえた。部落民衆を中心とする貝釦工組合は、翌年にも賃下げ・休業反対、団交権を要求してストライキ闘争を決行するが、妨害する警官と衝突し五〇余人が検挙さ

各地に生活權擁護運動捲起る

兵庫馬田水平社
町政革新の先頭に起つ

一萬圓の行衞不明、會計の亂脈を町民大會にて曝露す。責任者、町議を總辭職せしめ自治体擁護闘爭大勝利！

兵庫縣神崎郡福崎町では、政府貸上米の代金支拂ひが翌四月二日になるので、町農會に於いて農民の便利を計る意味で農會長（町長兼任）が一萬圓を借入れそれを貸主に拂ふのが例になつてゐた。

所が本年の四月までに、昨年分の貸上金が一向町長の手から拂われず、一萬圓の整理が出來ずに何時ともなしに數百圓が雲隱れとなり司直の手が伸びるに至つた。この事件に關聯して町役場の不正事件がバレかけ、町吏員の遊蕩、町議員連の保津川下りの金の出所も不正極まるものである事が判り出した。

かゝる自治體の亂脈を糾弾すべく先づ馬田水平社の青年分子が蹶起し、福崎町各字に檄を飛ばし、各字の有志の會合を數回開いて着々調査を進め、愈々公金費消の適確なる證據を握るに及んだ。

こゝに於いて、各字毎に區民

かくて町民は彌が上にも激昂し八月十四日福田寺にて六百餘名の町民のひしめき寄する中に馬田水の青年闘士古瀬義司會者となつて町民大會は決行された町長、吏員、町議の不信任は嵐の如き拍手裡に決議され「町民代表と町當局との會見を決議」せんとするや、權力階級の犬を努める福崎署の岡田と言ふ奴が解散を命じ。部下を指揮して起靴とサーベルで町民大會を踏みにぢつた。

その後の官犬の御用振りは益々露骨を極め町長には護衛をつけ町民側代表には尾行づきで、何等の理由なしの検束を連續した。

頑迷なる町當局を向ふに廻して、官憲の暴壓を受けつゝも、文字通りに血みどろな闘ひは益々大衆的に擴大された。

かくて大衆の團結力は遂に血迷へる彈壓をもハネ返し。町長吏員、町議、全部を追ひ出して輝かしき勝利を得た。

水平社が自治體の革新のため闘ひの先頭に起つた例は、京都田中水平社の區劃整理に伴ふ居住權擁護運動、同東七條水の講金問題等がある。水平社が、かくの如く自治體革新の先棒となり、部落民の政治的自由のために闘ふ事は部落大衆の間に水平社への信頼を高める事が出來、大衆の支持ある根強い水平社になるわけである。

部落大衆の日常生活の利益を代表して常に勇敢にその先鬪に起て！。

部落民生活擁護
區民大會開かる！

三重縣松阪町日野町水平社では、現下に於ける部落特殊職業の崩壊、產業の大資本への獨占化等に依る、特殊部落大衆の絶望的な生活の貧窮化の時、

いて區民大會を決行した。參集區民三百五十名、午後七時開會され、先づ司會者の挨拶に次いで水平社側より、現在の部落民の生活が如何に苦るしい

生活権擁護運動起こる（「水平新聞」1928年12月1日号）

餓死を待つ—89日間のストライキを闘った北中皮革の争議団本部（1931年10月）

れた。

一九三一年一〇月、兵庫県花田村の北中皮革争議では、高木部落を中心とした全労播州化学産業労働組合北中分会が低賃金重労働のワンマン経営に対し、就労規則撤廃、定期昇給実施などを要求してストライキを決行、勝利解決した。だが、その一カ月後に組合員を解雇、再びストライキ、同盟休校で闘うが、官憲が高木部落を急襲し三百数

岡山県三保村厚生小学校の差別事件に抗議し、同盟休校でたたかう錦織ピオニール（1930年11月）

小作争議をたたかう奈良県西田中部落の同盟休校児童による「そら豆採集」
この後部落外の農民組合員子弟もぞくぞく同盟休校に突入（1926年6月）

十人を検挙し弾圧した。

全農和歌山県日高同盟会は、地主会の土地返還要求、小作料請求裁判、立入禁止処分などの攻撃に対して、一九三〇年から数年に及ぶ厳しい闘いを続けた。

奈良県生駒郡片桐村万願寺では、貧農を利用した地主の小作争議つぶしに、「共同の敵、地主に向かって戦うことが窮乏の苦しさから脱れる唯一の路である」と訴えて貧農らの介入をやめさせた。

全国水平社第10回大会（1931年12月10日、奈良）、「水平新聞」（1931年11月25日号）

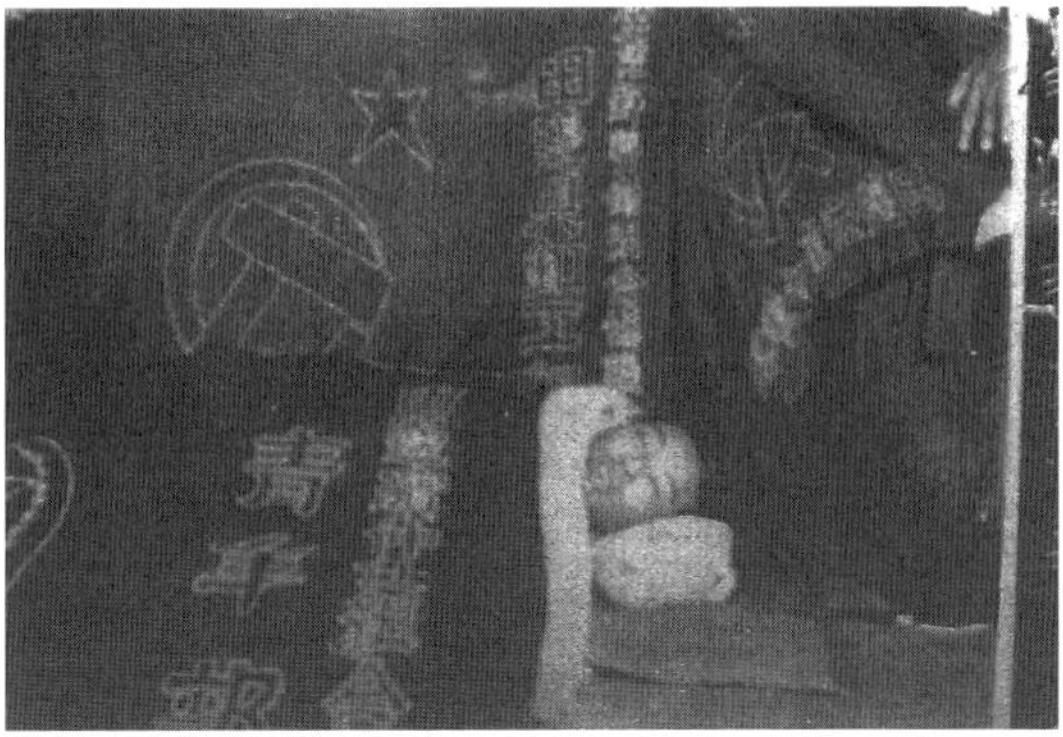

田辺貝釦争議（1931年5月）の指導者・森岡嘉彦の労働葬。貝釦組合の3分の1、浜仲仕組合のほとんどは部落の人だった。

全国水平社第13回大会（1935年5月4〜5日、大阪市）ポスター

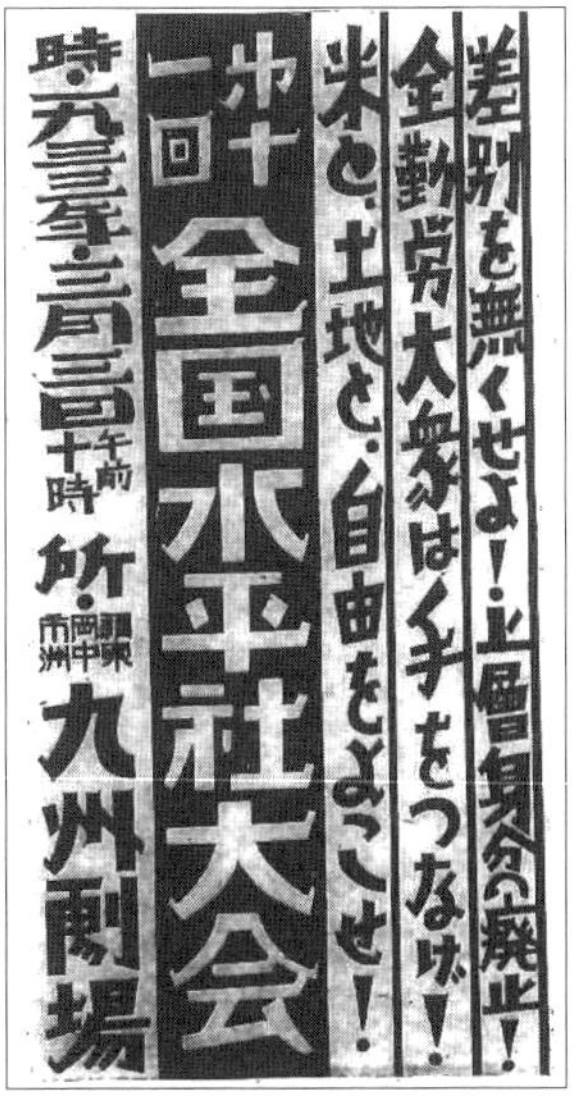

全国水平社第11回大会（1933年3月3日、福岡市）ポスター

差別を許さないという「人間権」を主張して創立した水平社は、今や政治的自由、団交権らの労働基本権、「飯を食わせろ」という「生活権」を要求する運動にまで発展していることに注目しなければならない。

（2）解消論を克服し、部落委員会活動へ

一九三一年九月一八日、大日本帝国の関東軍による柳条湖事件を契機に、中国東北部への侵略、さらにアジア諸国への侵略へと拡大し、世界大戦に至る。一五年戦争が開始された。

治安維持法体制による民衆運動への弾圧が強まり、階級的連帯が急務とされる情勢の中で、九州連合会から「全国水平社解消」論が第一〇回大会（一九三一年一二月）に提案される。身分闘争を軽視するこの意見は激しい議論の末に採択されることはなかったが、中央本部の解消派は「解消闘争」を展開したため、水平運動は全国的に一時停滞していった。自己批判を迫られた解消派は、二年後の一九三三年の大会に「部落民委員会活動」を提起する。議論を重ねて一九三四年四月、第一二回大会はこれを「部落委員会活動」として運動方針に決定する。

「部落委員会」は全農全国会議の農民委員会に学んだものであったが、水平社運動が到達した理論的実践的な成果を示している。部落委員会は共同浴場、集会所、託児所、トラホーム治療所、無料診療所などの施設や生業資金貸与、公営質屋・住宅の新設、道路・河川・橋・水道の改修などを要求する。日常的諸要求を組織する世話役活動を重視し、差別糺弾闘争と結合して政府の部落経済自力厚生政策と対決する大衆闘争組織である。

この新方針を決定した前年（一九三三年）に高松差別裁判糺弾闘争が発生していた。身分を隠して

水平新聞

昭和七年二月二十七日

水平運動の創立地奈良縣において
第十回全國大會戰はる!!
九州聯合會提出の「解消意見書」によって俄然討論の渦を捲く

大會報告號

「水平新聞」第十回大会特集号
（1932年2月27日号）

全国水平社第十回大会（1931年12月10日 奈良）

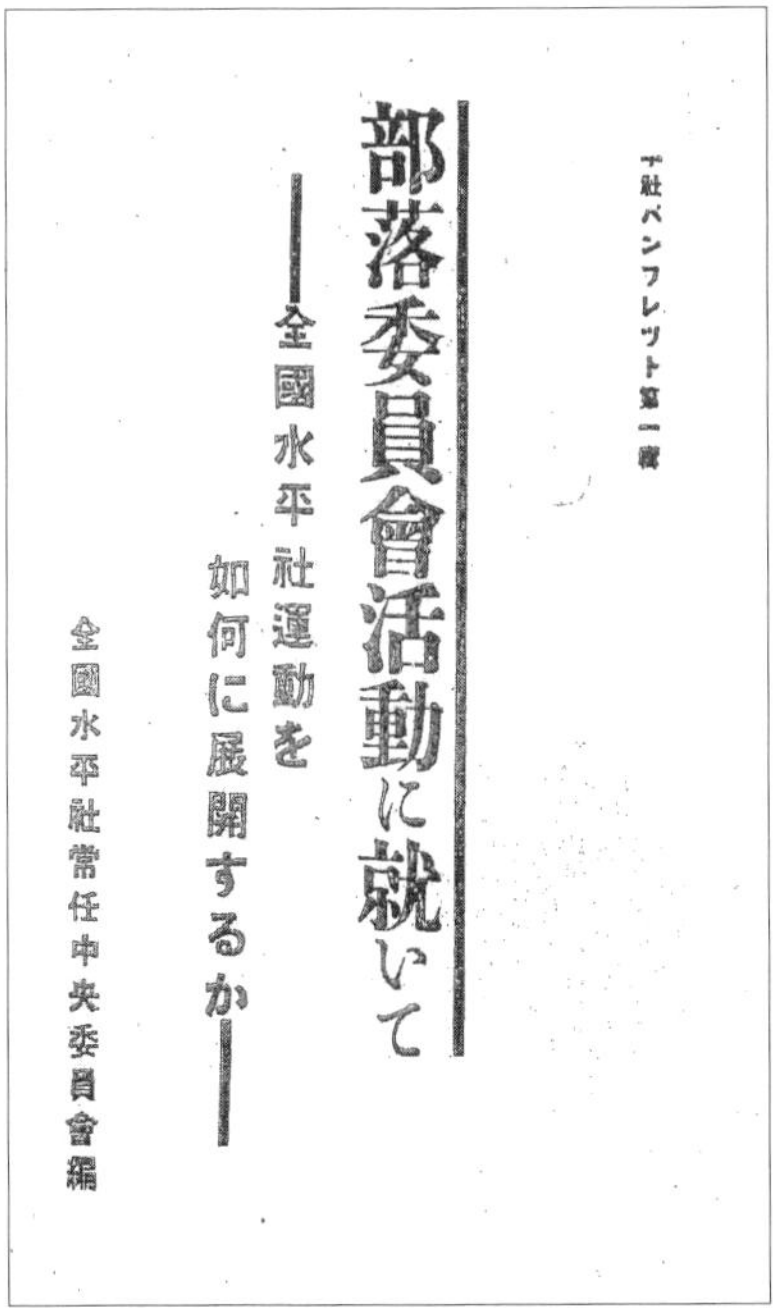
平社パンフレット第一輯

部落委員會活動に就いて

――全國水平社運動を如何に展開するか――

全國水平社常任中央委員會編

全国水平社パンフレット第1輯
（1934年7月1日発行）

全水解消闘争中央準備委員会編「水平社運動の批判」（1932年5月発行）

高松地方裁判所
差別糾弾闘争ニュース

高松地方裁判所の差別事件に就て

全國の兄弟姉妹諸君に訴ふ！

はしがき

「高松地方裁判所差別糾弾闘争ニュース」第1号（1933年7月25日）

結婚したとして結婚誘拐罪で有罪判決、露骨な差別裁判への糾弾闘争である。全国部落代表者会議を開き、福岡から東京までの請願行進が、制限され妨害されながらも途中の各地で大衆集会を開催して敢行された。部落委員会活動は、この裁判闘争を通して全国に広がり運動は活気を取り戻していった。

三重県では共同作業場、公益市場、火葬場、塵芥焼却場らの生活水準引き上げ要求、京都では町政刷新、居住権獲得、電灯料値下げなどの運動が、岡山県では「暮らしを楽にする会」「米よこせ会」などの運動、広島県では部落改良施設の獲得、船留場設置、カキ養殖事業などの運動が展開される。「水平新聞」（一九三四年一二月五日）は、「かかる日常生活の改善闘争こそが、差別の現象形態のみを追う過去の運動の領域を越えて前進せんとする『部落委員会活動』であり、今や全国各地に発達しつつあり」と伝えた。

昭和八年九月二十日

差別裁判糾弾闘争ニュース

No.6

全部落民大衆支持の下に

全代會議闘はる！

三府十九縣の代表參加

3府19県の代表者が参加して開かれた全国部落代表者会議
（1933年8月28日、大阪天王寺公会堂）

「差別裁判糾弾闘争ニュース」（1933年9月20）→

差別裁判取消請願行進隊代表（1933年10月）

（3）社会的政治的糾弾へ—「徹底的糾弾の進化」

差別は個人の偏見の問題としてきた初期の徹底的糾弾は、一九二五年ごろから社会的政治的糾弾へ発展する。一九二五年五月の第四回大会に水平社青年同盟が提案した大会宣言（草案）は、「差別観念を糾弾する『徹底的糾弾』以上に進出して差別の根本組織に向って目を開かなければならぬ」と「差別的観念の基礎」への闘い、「無産階級の政治運動」への参加を呼びかけていた。この頃から糾弾は個人から社会的政治的なものへと広がっていく。これを水平社青年同盟は「徹底的糾弾の進化」（『選民』一九二四年一〇月一五日）といった。

軍隊差別問題は福岡連隊事件から各地連隊へ広がり、高松差別裁判闘争は各地の警察署や刑務所の差別問題に広がっていく。差別糾弾の目はさらに各地自治体行政、村会、小学校、神社、青年団、またラジオ、新聞、出版、演劇、映画などへ向けられていく。

一九三四年に起こった日活映画「女人曼陀羅」糾弾闘争を紹介する。吉川英治の新聞連載を映画化したこの映画について、水平社本部が身分的偏見を助長し部落大衆を侮辱する差別映画として糾弾した事件である。だが、もう一つの要因が背景にあった。大阪で数人の「事件師」がインチキ団体を加盟団体にして日活差別映画糾弾委員会を作り糾弾ビラを作成、会社から五〇〇円を恐喝する事件があり、水平社大阪府連が水平運動を冒涜し部落を食い物にする「事件師」撲滅を訴えていたのである。

水平社本部と日活は数回の交渉を経て一一月、日活が「吉川英治原作、伊藤大輔監督に成る映画『女人曼陀羅』は賤視差別観念を助長する点あり」と文書で認めたうえで、「連絡委員会」を作ること、差別撤廃講演会を日活東京本社、大阪支店、京都撮影所で行うことなどを含む四項目の覚え書きを作成して円満解決となる。

つづいて同月、水平社本部は原作連載の大阪朝日新聞の編集長らと交渉、部落の歴史的経過などを述べて慎重な研究を訴え、「研究座談会」を開くことを提案した。新聞社は同意し、原作者、編集局長、学芸部長、社会部長、秘書課長らと東京朝日新聞の関係者、全国水平社から常任中央委員泉野利喜蔵、大阪府連松田喜一ら五名が参加して協議懇談会を行ったと「水平新聞」は報じている。文化問題について慎重な糾弾闘争の様子が明らかである。

この翌年一九三五年五月の第一三回大会は、軍隊差別問題の佐藤中将糾弾闘争とともに小説・映画「女人曼陀羅」を含む「文化闘争」について検討し、新しい「糾弾方針」を確認する。重要点は、差別糾弾闘争の意義は「被圧迫部落大衆の生活を擁護伸張せしめ人民的融和の重要なモメントとすることである」としたことにある。人民融和的糾弾と言ってもよい。さらに、文化闘争では金銭恐喝の材料にする不純分子が出ることを考え、「歴史的科学的知識もなく軽々しく糾弾に当たる態度は慎むべき」であり、「個人的独断を排し、統一的指導に委ねられねばならない」とした。

水平社運動は、糾弾方針の進化を伴ってさらに新しい段階へ発展する。

「水平新聞」（1934年11月15日号）

日活の"女人曼陀羅"

映畫價値を昂めるために　部落民の生活を賣物にした

映畫會社を總本部が糺彈

最近吾々被壓迫部落大衆の生活を、小説、劇、映畫等に仕組んで一般大衆に表示せんとする傾向が著しく增加し、充分の注意を拂つてゐた矢先き、新興キネマの差別映畫に相次いで、日活作製の原作吉川英治の「女人曼陀羅」が、大河内傳次郎主演の下に上映されたのである。

ファッシズム擡頭と共に、大衆文壇も甚だしく反動化して勞働者農民への阿片的存在として大衆の前に押し擴げ、凡ゆる大衆文壇は愛國主義的内容を强調する爲めに、人民を奴隷的總動の下に、諦めと優越感との中に繋ぎ止めようとして、ロコツに階級觀念の宣傳を始めたのである。

而も、昭和十の「山窩物語」りを書いてからは、どの大衆小説家も――大衆へ追隨する爲――山窩物語りを書き始め、甚だしきは非人物語等をものし始めた。

之等の傾向は一體何を物語るか？　大衆小説が讀者大衆から遊離して行詰りに惱み始め、どの大衆作家も何人も未だ手をつけてゐない、そして誰でも知りたがつてゐる事實――所謂處女地の開拓――の描寫に惱んでゐた折柄、昭和十に依つて大膽にも近代作家の物しない處女林の開拓――山窩物語――は身分的階級觀念を强調し、而も一般大衆に大膽なる階級觀念を植付けた。そしてこの作品の意外な成功に追隨して、他の大衆作家もその行詰りを打開したのである。これらの作品は最近激しく擡頭する反動ファッシズムの時潮に乘つたものである。

斯かる小説を讀まされることに依つて階級觀念を植付けられブルジョア的自己陶醉によつて、その日々の生活苦を紛らはそうとする反動的傾向に映畫資本家達が新しい需要を見出したのである。

日活映畫「女人曼陀羅」も、その意味に於いて、吾々被壓迫部落を惡しざまに作製されたものである。

女人曼陀羅とは　一體どんな映畫だ？

一口に云へば、差別映畫である。何故なら、穢多頭彈左衛門を非人頭車善七の名によつて粉飾して、部落婦人が……

差別事件を喰物にする　事件師共を一掃せよと　大阪府聯合會が起つ！

映畫"女人曼陀羅"の調査を始めるや、大阪府南河内部……

「水平新聞」（1934年11月15日号）

新興キネマの差別映畫　あゝ學園の勇士「愛の天職」

差別助長の毒素根絶に總本部活動

九月二十一日、……の如き醜惡と、……に撰出させた。その……村……小學校の……られ、……映畫に上映され、……喚起した。

茲に京都大學の新興キネマは「あゝ學園の勇士」「愛の天職」と題して、京都、大阪、神戸……にて上映されてゐたのであるが、京都府聯合會の發見する處となり、大阪府聯も之を取上げ、したがつて、之の映畫の持つ差別性を見逃すことの出來ないものとして、總本部が取上げる處となつて、新の如き糺彈を行つた。

作者の意圖ならびに、映畫會社の製作意圖をバクロする爲に左の如き要項で闘つた。

此の映畫の主要な事は、松野楓子（吉岡……の事）が勤めてゐる小學校は、大阪……にあり、大風水害の爲に倒れた……

町會議員の差別事件を　海部郡地區の兄弟闘ふ

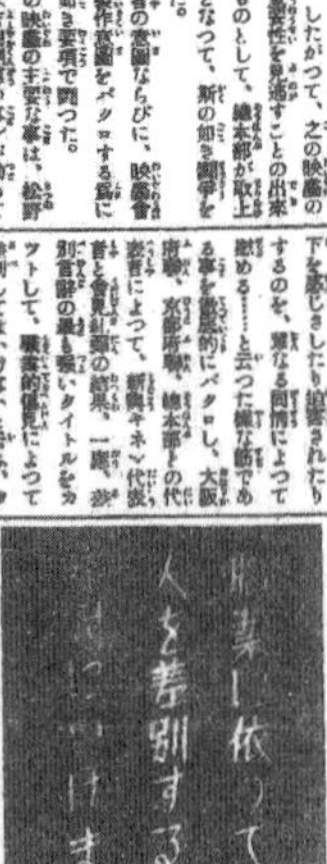

反動の牙城京都……　須原通立退反……として區制刷新……

「水平新聞」（1936年3月5日号）

昭和十一年三月五日
水平新聞
第十七號 (三)
差別放送事件
ラヂオの持つ社會性
差別放送糾彈要綱（書記局案）
如何に糾彈すべきか
1、問題の重點は何處にあるか
決議
教壇の差別をなくせよ
警察の尻押しで
張本人は訓導だ
問題の眞相は

「水平新聞」（1937年2月1日号）

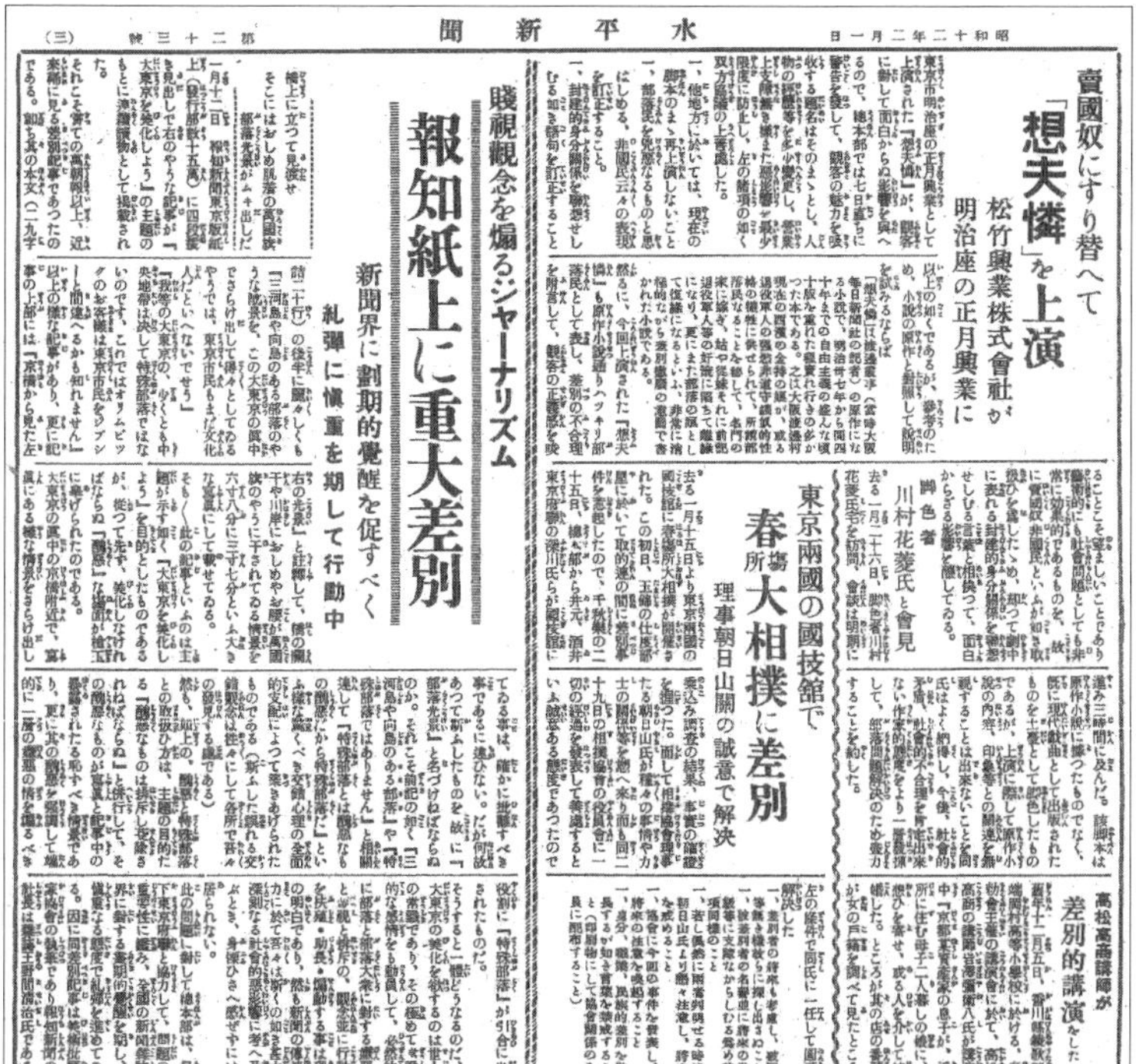

昭和十二年二月一日
水平新聞
第二十三號 (三)
賣國奴にすり替へて
「想夫憐」を上演
松竹興業株式會社が
明治座の正月興業に
東京兩國の國技館で
春場所大相撲に差別
理事朝日山關の誠意で解決
高松高商講師が
差別的講演をした
賤視觀念を煽るジャーナリズム
報知紙上に重大差別
新聞界に劃期的覺醒を促すべく
糾彈に愼重を期して行動中

(4)「人民的融和への道」と反ファッショ闘争

部落委員会活動を運動方針とした第一二回大会に続いて、翌年の第一三回大会(一九三五年五月)はまた二つの重要な決定をする。一つは、創立以来使ってきた「特殊部落」の呼称をやめたことである。「我々は特殊な人民ではない、被圧迫人民大衆の一部である」、したがって「被圧迫部落」と変更する。もう一つは、同時に差別糾弾闘争について、「人民的融和の重要なモメント」であり「人民的融和を促進する」ものである、と新しい運動方針を決定したことである。

「人民的融和」とは何か。それは身分的差別の根拠を国民相互の対立、不調和にありとする融和団体のいう「国民的融和」ではない。我々の運動は「広汎なる人民運動の一部であり、封建制への直接的闘争を通じて人民的融和の重要なる契機となるであろう。」たとえば、半封建的抑圧支配下にある農民の居住要求は「被圧迫部落大衆の居住活動との日常不断の交通接触に於て、その観念的対立の殻を破って、人民的融和を促進せしめずには置かない」と決議文は説明する。翌年に発行した『人民融和への道』(水平社本部発行パンフレット、一九三六年九月)は、「全民衆諸君と心から融合して共に手を組み合ひ、この世の中の凡ゆる不合理と矛盾を取除いてお互いに住み良い朗らかな社会をつくりあげるために」われわれ水平社は運動しているのだ、と分かりやすい文章で人々に訴えている。

一九三五年第一三回大会は、このように「階級的融和」の概念を否定し、「国民的融和」と峻別し

水平新聞

解放運動史上に燦として輝やく

第十三回全國水平社大會

人民的融和を目指して

劃期的鬪爭方針の樹立！

見よ！勝利的に築かれた大會記錄を

全國より參集した三府二十二縣の代議員百九十名、傍聴者一千餘を動員し吾等の第十三回全國大會は豫定の如く五月四、五兩日に亘り、全國随一の代表的大部落である大阪市西濱の榮第一小學校講堂に於て舉行された。會場正面の壇上には總本部の大綱領、その左右には數十流の各支部旗を配し「全國の被壓迫部落大衆團結せよ！」を始めとして次のスローガンが掲げられた。

☆全額國庫負擔による徹底的部落改良施設の獲得！

☆地方改善費の全額國庫負擔並にその増額

☆軍隊内の差別撤廢方針を確立しろ！

☆差別を容認する檢閲方針を改正せよ！

☆ギマン的反動融和運動を撲滅しろ！

☆一切のファッショ運動を粉碎しろ！

☆封建的身分制の廢止！一切の賤視差別を絶滅せよ！

そして、満場を壓するやうな緊張の裡に全國六千の被壓迫部落三百萬大衆の全要望と期待を集中した大會の幕は、午後三時、總本部常任泉野君の開會の辭によって切って落された。

吾々は被壓迫部落大衆解放運動史上にサンとして輝やく第十三回全國大會の歷史的光景を、議事録によって全國の兄弟諸君に報導することにしよう。

大會第一日

開會の辭

議長の挨拶

◇勝利的に戰ひ拔かれた第十三回全國大會◇

人民的融和をめざして（「水平新聞」1935年6月5日号）

て、はじめて「人民的融和の促進」の運動方針を確認した。大衆的政治闘争として闘う部落委員会活動を通じて「人民的融和」を促進する。水平社が数々の闘いをのりこえて獲得した到達点である。

部落委員会活動が各地の水平社で展開

第13回大会の開かれた大阪市・栄小学校校庭に集まった参加者

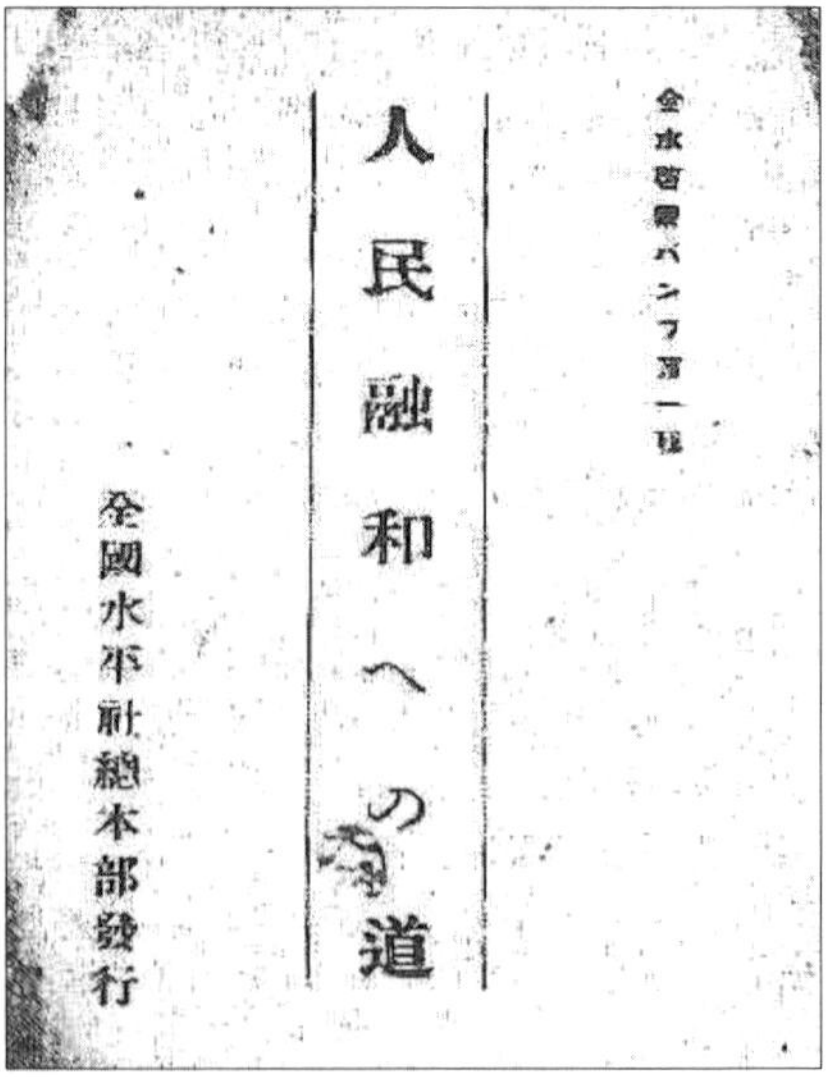

全水啓蒙パンフ第一輯
人民融和への道
全國水平社總本部發行

全国水平社啓蒙パンフレット第１輯
（1936年9月25日発行）

されていく中で、一九三六年二月、中央委員長松本治一郎は衆議院議員に無所属で立候補し、ファッショ反対、勤労大衆の生活擁護、民権伸長を訴えて当選する。部落代表を公表した初めての帝国議会議員である。「水平新聞」（一九三六年三月五日）は「無産勤労大衆の輝かしい勝利」とその感激を伝えた。五月特別議会において、松本は「封建的身分制の遺制たる華族制度の撤廃」「全額国庫負担の部落諸施設改善」を要求する質問書を提出し、平等と生活改善の政治責任を追求する。

三重県朝熊闘争支援のために集まった全水本部・全農の代表者たち（1935年7月頃）

昭和十年十一月五日

別差の內營

肉彈三勇士を出した

久留米工兵隊に

果然差別事件

よせ掃一を

「水平新聞」（1935年11月5日号）

水平新聞

佐藤中將糺彈闘爭を通じて

軍隊內に融和政策を確立させろ

今や闘爭は完全に全國化した

見よ、一切を焼き盡す憤激と反抗

佐藤中将の差別論文糺弾闘争
（「水平新聞」1935年2月5日号）

反ファシズムの旗を高くかかげて（「水平新聞」1936年3月5日号）

「水平新聞」（1937年1月1日号）

水平社は最後まで軍隊内の差別を糾弾した。
（「水平新聞」1936年12月5日号）

五　水平社の消滅と再建

(1) 水平社の消滅

中国東北部への侵略に始まる日中戦争は、泥沼にはまったまま盧溝橋事件（一九三七年七月七日）からいっきに日中全面戦争に拡大、戦争協力体制が強化される。

盧溝橋事件から二カ月後、全水拡大中央委員会は、戦時下の生活擁護を訴えながらも、積極的な戦争協力を宣言する「非常時における全国水平運動」を決定した。これより早く転向していた西光万吉は大日本国家社会党に入党、その翌一九三四年に阪本清一郎らと『街頭新聞』を発刊、「君民一如」を訴えていた。木村京太郎、中村甚哉らも一九三八年、『新生運動』を発行して「日本主義を基本」に部落解放をめざすとした。労働組合、政党も戦争協力へむかう。総同盟

全国水平社第14回大会
(1937年3月3日、東京)

と全労が合同したばかりの全日本労働総同盟は、一九三七年一〇月の大会で「全産業に亘り同盟罷業の絶滅を期す」と宣言した。その翌月に社会大衆党は「国体の本義尊重」の新綱領を決定、これを支持して全国農民組合も運動方針を転換し、「農業国策」確立への協力を声明した。

研究者たちへの弾圧も強まる。一九三七年一二月に労農派の理論家ら四四六人を検挙、日本無産党の結社禁止処分（第一次人民戦線事件）、続く翌年二月、大学教授を中心に三八人を検挙（第二次人民戦線事件）、合法的な反戦・反ファシズム運動は壊滅した。

水平社の分裂と解体はさらに続く。一九三九年二月、北原泰作らは「新東亜建設」に結びついた大和会を結成した。朝田善之助らは融和団体と統合する部落厚生皇民運動を提起したが、一九四〇年に大政翼賛会に合流し姿を消した。一九四〇年八月、最後の全国大会となった全国水平社第一六回大会は「大和報国の維新体制樹立」運動を開始する。この大和報国運動も翌年に中央融和事業協会が同和奉公会に改組されると大和報国会となり、大政翼賛運動に加わる。

一九四一年一二月八日、米英に宣戦布告、ついに世界を相手とする大戦争に突入する。その一一日後、東條英機内閣は治安立法として「言論、出版、集会、結社等臨時取締法」を公布、すべての政治結社を解散に追い込んだ。水平社も許可申請を義務づけられたが、当局は不許可の方針で解散届を出すことを執拗に迫った。松本委員長らは圧力を無視し続け、翌年一月二〇日の期限まで存続許可申請をせずに自然消滅を選ぶ。解散届も解散声明も出さなかった。創立から二〇年、全国水平社は静かに消滅した。

水平社時局講演会ポスター
（1939年8月）

全国水平社第14回大会（1937年）ポスター

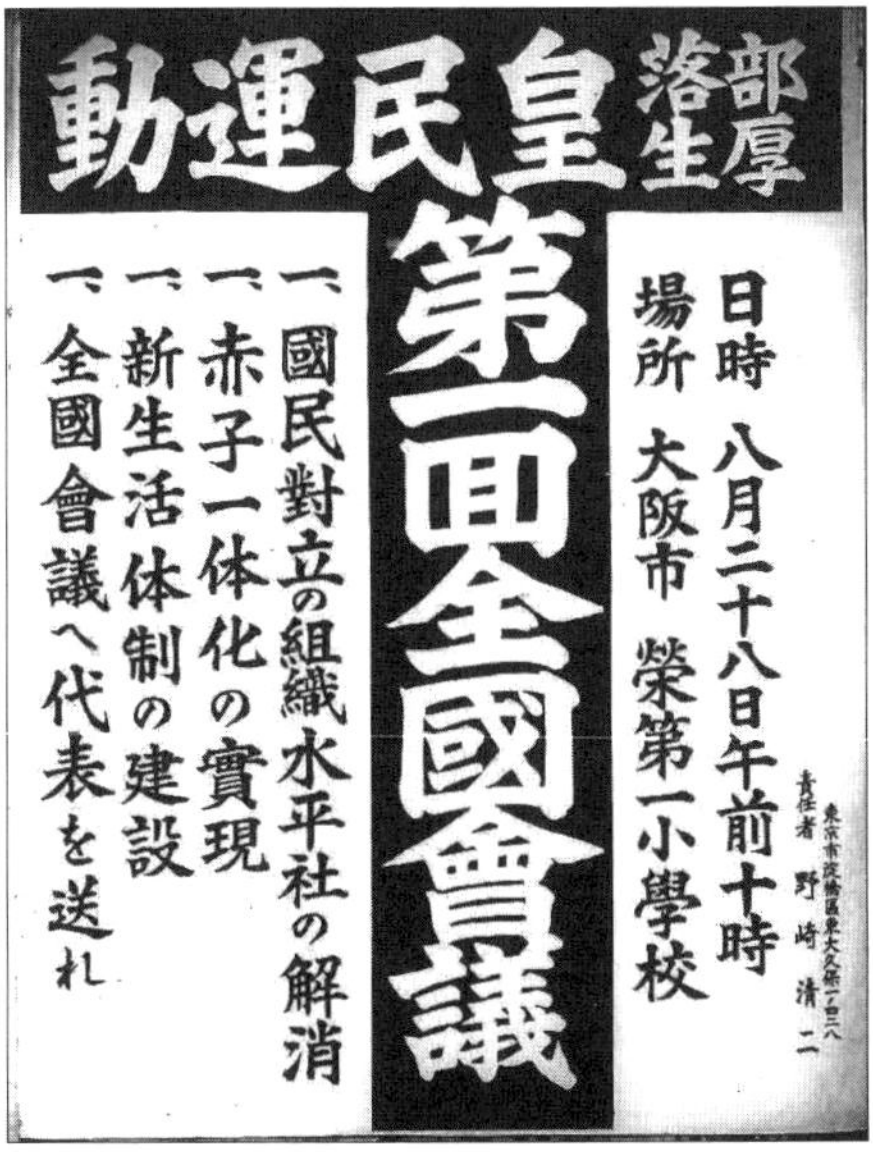

1940年8月28日（大阪）

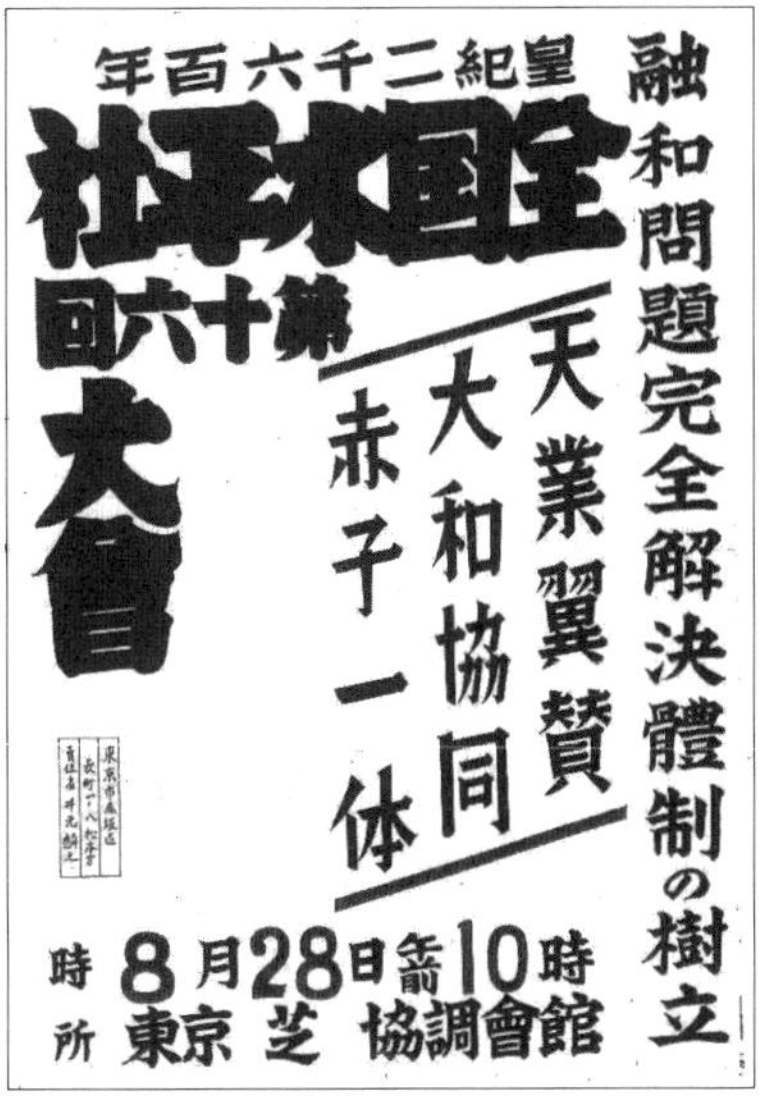

最後の大会となった全国水平社第16回大会（1940年8月28日、東京）

（2）敗戦と新憲法—部落解放全国委員会の結成

一九四五年八月一四日、政府はポツダム宣言の受諾を決定、翌日天皇自らラジオ放送でそれを伝えた。天皇制ファシズム国家は崩壊した。

ポツダム宣言は、「日本国国民の間に於ける民主主義的傾向の復活強化に対する一切の障礙《しょうがい》を除去すべし、言論、宗教及思想の自由並に基本的人権の尊重は確立せらるべし」と日本社会の根本的改革を要求している。日本を占領したアメリカ軍を中心にする連合軍は、次々と民主的改革を進めていく。獄中の政治犯釈放、人権確保の五大改革指示（女性の解放、労働組合の結成奨励、教育の自由・民主化、秘密弾圧機構の廃止、経済機構の民主化）、治安維持法廃止、我が国初の労働組合法、女性参政権を認めた選挙法改正など。日本共産党は合法政党となり一九年ぶりに再建の第四回大会を開催し、社会党、自由党、進歩党などの新政党が結成された。

そして一九四六年一一月三日、新憲法が公布される。その第一四条は、「すべて国民は法の下に平等であって、人種、信条、性別、社会的身分又は門地により、政治的、経済的又は社会的関係において差別されない」と基本的人権を保障したのであった。

水平社再建への動きは早かった。政治犯が釈放された一九四五年一〇月、水平社の指導者たちは協議をはじめ、一二月の共産党第四回大会で、北原泰作は「被圧迫部落の解放問題」について特別報告

民主憲法成立す

來月一日ごろ公布

衆議院、再修正案に同意

衆院本會議

吉田首相

公布祝典は嚴肅に

新圓吸收に貯蓄運動

通貨安定決議を採擇

新憲法公布の記事 （「朝日新聞」1946年10月8日）

を行う。群馬、高知、和歌山、徳島、岡山など各地で部落解放をめざす運動が組織されはじめる。

そして一九四六年二月一九日、四〇〇人が参加した全国部落代表者会議を京都で開催（京都市新聞会館講堂）、部落解放全国委員会を結成、翌日に部落解放人民大会を開催した。この両会議への招集状・主催は全国水平社の名によって出され、

全国部落代表者会議（1946年2月19日）

その発起人代表は水平社二名（松本治一郎、北原泰作）、同和奉公会三名（山本政夫、梅原真隆、武内了温）の連名であった。解放全国委員会の委員長に松本治一郎、常任全国委員に同和奉公会幹部も就任し、融和団体と水平社の対立をのり越え幅広い大衆運動、民主統一戦線に連なる運動をめざしていた。結成大会は「日本帝国主義の敗戦により凶悪野蛮なる軍国主義的・封建的専制支配は終焉を告げ、人民解放の輝かしい時代はきた」と宣言した。

部落委員会活動を引き継ぎ、部落解放全国委員会として戦後の部落解放運動は出発した。しかし、役員の就任要請に応じない者もあり融和団体と水平社の対立が残る組織問題や、占領軍を「解放軍」とする情勢認識、結成した部落解放全国委員会は「解放運動の中核体としての任務をもつグループであり、大衆団体ではない」とするなど運動方針の混迷があった。さらに、一九四九年一月には松本治一郎らの公職追放が決定され、その「不当追放反対闘争」を迫られるなど、それは荒海に漕ぎ出す困難な船出であった。

全国水平社略年表

全国水平社関係事項

一九二二（大正一一）

三　**全国水平社創立大会**、京都市岡崎公会堂（現・京都市美術館別館）で開催。中央執行委員長南梅吉、全国各地に水平社結成される

五　奈良県大正村尋常高等小学校差別事件

七　全国水平社機関誌**『水平』**を創刊

一九二三（大正一二）

三　奈良県水国争闘事件

一一　岸野重春、高橋貞樹ら全国水平社青年同盟結成

一九二四（大正一三）

三　青年同盟機関紙**『選民』**を創刊

六　全国水平社機関紙**『水平新聞』**を創刊

一二　警視庁スパイ事件により本部役員引責辞職、南梅吉委員長罷免、本部を大阪市に移す。

一九二五（大正一四）

一　群馬県世良田村の部落が暴徒に襲撃される（世良田村事件）

三　全国水平社第四回大会（福岡県博多）、中央委員会議長に松本治一郎を選出

九　全国水平社青年同盟解散、新たに全国水平社無産者同盟を結成

九　内務省社会局に中央融和事業協会設立、会長平沼騏一郎

一九二六（大正一五・昭和元）

一　**福岡歩兵第二四連隊内の差別事件**、井元麟之ら兵卒同盟を結成

九　全国水平社解放連盟結成

一一　「福岡連隊爆破陰謀事件」をでっちあげ松本治一郎、木村京太郎ら検挙される

一般事項

一九二二

四　日本農民組合結成

七　日本共産党結成（非合法）

一九二三

九　関東大震災

一九二五

三　治安維持法成立

男子普通選挙法成立

五　日本労働組合評議会結成（総同盟第一次分裂）

一九二七(昭和二)
一　南梅吉ら日本水平社を創立
一一　北原泰作、軍隊の差別に抗議し天皇直訴

一九二八(昭和三)
二　第一回男子普通選挙に松本治一郎、西光万吉、三木静次郎が立候補、落選
三　共産党へ全国的大弾圧(**三・一五事件**)、水平社活動家多数が検挙される

一九二九(昭和四)
四　共産党へ全国的大弾圧(**四・一六事件**)、水平社活動家多数が検挙される
一一　全国水平社解放連盟、解体を声明し戦線統一なる

一九三〇(昭和五)
五　和歌山県田辺貝釦工組合ストライキ闘争

一九三一(昭和六)
一二　第一〇回大会(奈良県桜井)に「全国水平社解消の提議」提出される

一九三三(昭和八)
三　第一一回大会(福岡)に、運動方針案「部落民委員会活動」提起される
一〇　高松差別判決取消し請願行進隊、福岡を出発し東京へ、司法大臣と検事総長に陳情

一九三四(昭和九)
九　西光万吉ら大日本国家社会党に入党し『街頭新聞』を創刊
一一　日活映画「女人曼荼羅」を差別映画として糾弾

一九三五(昭和一〇)
五　**第一三回大会(大阪)、「特殊部落」を「被圧迫部落」と変更し、「人民的融和を促進する」運動方針を決定**
六　全国融和事業協会、融和事業完成一〇ヶ年計画を決定

一九二七
三　日本に金融恐慌

一九三一
九　柳条湖事件、満州事変始まる

一九三六(昭和一一)
二　松本治一郎、衆議院議員選挙（福岡一区）で当選
九　全水啓蒙パンフ第一輯「『人民融和への道』発行

一九三七(昭和一二)
四　松本治一郎、衆議院議員選挙で再選、社会大衆党に入党
九　全水拡大中央委員会決定の新運動方針をパンフレット『非常時に於ける全国水平運動』として発行

一九三八(昭和一三)
三　中央融和事業協会、国民精神総動員融和週間実施

一九四〇(昭和一五)
八　第一六回大会（東京）、「挙国総動員の大和運動、皇道国家建設・君民一如・赤子一体・天業翼賛」のスローバンを掲げる
一一　紀元二六〇〇年奉祝全国融和団体連合大会、奈良橿原建国会館で開催

一九四一(昭和一六)
六　**中央融和事業協会、同和奉公会に改称**
一二　戦時治安立法「言論出版集会結社等臨時取締法」施行、全国水平社を思想結社と認定し取締方針決定

一九四二(昭和一七)
一　**全国水平社は「言論出版集会結社等臨時取締法」の存続許可申請不提出により法的に消滅**

一九四五(昭和二〇)
一二　日本共産党第四回大会、北原泰作「被圧迫部落の解放問題」を報告

一九四六(昭和二一)
二　全国部落代表者会議（京都市新聞会館）開催、**部落解放全国委員会を結成**、全国委員長松本治一郎、翌日同所で、**部落解放人民大会を開催**

一九三七
七　盧溝橋事件、日中全面戦争始まる
八　近衛内閣、国民精神総動員実施要綱を決定

一九三八
四　国家総動員法公布

一九四〇
一〇　大政翼賛会発会式

一九四一
一二　日本、対英米宣戦布告

一九四五
八　ポツダム宣言受諾決定　日本降伏
一〇　ＧＨＱ、政治犯釈放など民主化指令

あとがき

1．写真の収集は奥山峰夫氏（部落問題研究所）、編集は梅田修氏（部落問題研究所）の尽力によるものである。感謝申しあげる。

2．連載記事に追加した項目は「社会的政治的糺弾へ－『徹底的糺弾の進化』」（四（3））の一節である。「文化闘争」の一端を述べておきたかったからである。また本書は、旧版になかった全国水平社の消滅と戦後の再建を加え、全国水平社運動史と戦後部落解放運動史の概要を序文として述べている。今日の状況とともに100年間の歴史を考えてほしいと思う。本書を最小の水平運動史概説として読んでいただければ幸いである。

3．2023年1月14日に、「全国水平社創立100周年記念中央集会」が京都教育文化センターで開催された。同記念事業実行委員会（全国地域人権運動総連合、部落問題研究所、有志）の主催である。2022年2月に「創立100周年記念アピール」を発表し、当初予定した2022年3月の中央集会が、新型コロナウイルス感染症流行への対応と対面交流を大切にしたいという配慮から延期されたものである。期待した感染症流行の鎮静は見られなかったが、全国各地から人数を絞った参加者があり、マスクを着け、席間隔をあけた着席で、大ホールいっぱいの参加者となった。ミニコンサート、スピーチ、動画とリレー報告など3時間を超えた集会に続いて開かれたレセプションでは、各地から熱いメッセージが次々と披露され、久しぶりの対面交流がなごやかに広がっていた。
4．新型コロナウイルス感染症は、2020年1月15日に国内で初めて確認され、3月11日に世界保健機関（WHO）がパンデミック（世界的流行）と認定した。4回の「非常事態宣言」が出され、新自由主義政策による保健所、医療機関の弱体化のため、東京・大阪などでは医療崩壊が引き起こされた。各種集会の制限や行動自粛などが継続され、経済的社会的影響は大きく、かつてない未曾有の事態となっている。2023年2月4日現在、国内の感染者総数は3273万人を超え、死者は6万9500人を超える（「朝日新聞」2023年2月5日）。今もなお収束の見えない状況が続いている。
このパンデミックの中で、2022年2月24日、ロシア政府はウクライナへ「特別軍事作戦」と称する侵攻を開始した。3月2日に国連緊急特別総会が開催され、ロシアのウクライナ侵攻は国連憲章違反とし「即時、完全、無条件撤退」を求める決議を圧倒的多数の賛成で採択したが、1年を経過した今もなお戦争終結の兆しはない。全国水平社創立から100年経った現実である。

2023年3月、私たちは水平社創立から101年目に踏み出す。人権と平和を誰でもが享受する社会をめざして。

尾川昌法（おがわ　まさのり）

1937年　高知市生まれ
1967年　立命館大学院修士課程修了
1967～1999年　桃山学院高校教諭
1976～2007年　立命館大学非常勤講師
1997～2017年　部落問題研究所理事
2018～2021年　部落問題研究所理事長

主な論文・著書

「日本帝国主義・ファシズム論」（『講座日本史・6』東大出版会、1971年）
「天皇制ファシズムと水平運動」（『水平運動史の研究・6』部落問題研究所、1973年）
「治安維持法体制と思想支配ー中央教化団体連合会の形成」（『日本史研究』176号、1977年）
「建国祭の成立」（『立命館文学』509号、1988年）
「高知県における教科書無償運動」（『部落問題解決過程の研究・1』部落問題研究所、2010年）
『人権のはじまり』（部落問題研究所、2008年）

新版　写真で見る水平運動史

2023年3月30日　初版印刷・発行

著　者　尾川昌法
発行者　梅田　修
発行所　部落問題研究所

京都市左京区高野西開町34―11
TEL 075(721)6108　FAX 075(701)2723

ISBN978-4-8298-1089-7